Ein Waterl

Erinnerungen eine~ ~~~~~~~ ~~~ ~~~
Feldzügen der königlich deutschen
Legion

---

von
Friedrich Lindau
ehemaliger Schütze des 2.leichten Bataillons,
Inhaber der Guelphen-, der Waterloo- und der bronzenen Verdienstmedaille

---

Engelskirchen

2008

Bibliografische Information der Deutschen Nationalbibliothek:
Die Deutsche Nationalbibliothek verzeichnet diese Publikation in
der Deutschen Nationalbibliographie; detaillierte bibliografische
Daten sind im Internet unter http://dnb.d-nb.de abrufbar

Gebundene Ausgabe 05/2008
Copyright © 2008 by Fachverlag AMon
Printed in Germany
Druck und Bindung: Books on Demand GmbH D-22848 Norderstedt
AMon 00003
ISBN 978-3-940980-02-1
http: // www.FachverlagAMon.de

Vorwort

Hundert Jahre sind verflossen, seitdem die Macht Napoleons I. auf dem Schlachtfelde von Waterloo endgültig vernichtet wurde. Da geziemt es sich, dankbar der Helden zu gedenken, durch deren Mut und Standhaftigkeit unser Vaterland von dem französischen Eroberer befreit wurde. Unter den Tapferen jener Zeit ragen besonders die Kämpfer der königlich deutschen Legion (Kings German Legion - KGL) hervor, die zwölf Jahre hindurch in den verschiedensten Teilen Europas ruhmvoll gegen die Armeen Napoleons I., gefochten haben. Es waren meist Söhne Hannovers, die im englischen Solde gegen den gemeinsamen Erbfeind stritten, nachdem dieser 1803 das Kurfürstentum Hannover besetzt und die dortige Armee aufgelöst hatten.

Auch Friedrich Lindau, der Held dieses Buches, war einer aus jener tapferen Schar. Er war am 19.Januar 1787 zu Hameln an der Weser geboren, wo sein Vater Tuchweber war. Nach seiner Konfirmation kam er bei einem Schuhmacher in die Lehre. Mancherlei Widerwärtigkeiten, die ihm nach der schmachvollen Übergabe seiner Vaterstadt (1806) von den Franzosen bereitet wurden, bewogen ihn, bei der königlich deutschen Legion in den Dienst zu treten. Glücklich hat er all die Kämpfe in Spanien und Frankreich überstanden, bis er zuletzt in der Schlacht bei Waterloo nach heldenmütiger Verteidigung des Pachthofes Le Haye-Sainte, der unmittelbar vor dem Zentrum der englischen Stellung wie ein vorgeschobenes Außenwerk lag, verwundet wurde und auf kurze Zeit in Gefangenschaft geriet.

Nach seiner Heimkehr aus dem Feldzuge lebte Lindau als Schuhmachermeister in seiner Vaterstadt. Um seine Kriegsabenteuer nicht in Vergessenheit geraten zu lassen, erzählte er sie in manchen Abendstunden, oft bis in die Mitternacht hinein, dem ihm befreundeten Rektor Hansen, der sie aufzeichnete und in die Form brachte, in der sie 1846 zuerst veröffentlicht worden sind. Das Buch ist betitelt: „Erinnerungen eines Soldaten aus den Feldzügen der königlich deutschen Legion von Friedrich Lindau", es ist in Hameln als Eigentum des Verfassers erschienen und von ihm „seinem hochverehrten Kommandeur in der Schlacht bei Waterloo, dem jetzigen Herrn General-Major Freiherrn von Baring, gewidmet.

Auf Lindaus Wunsch schrieb der Pastor prim. Schläger in Hameln ein Vorwort zu dem Büchlein, worin der ehemalige Legionssoldat die Leser bittet, „dass das Entschuldigung finden möge, was das rasche Blut in seiner Un-

3

besonnenheit, oft in großer Not, gegen die Kriegsordnung und Nächstenliebe Unrechtes getan hat." Doch fügt der Pastor hinzu: „Im Kriege schweigen die Gesetze, - und gerade die Offenheit, mit welcher Lindau aus dem, was er sich in aller Schlauheit gestattete, gar keinen Hehl macht, ist uns eine angenehme Bürgschaft, dass er die Wahrheit sagt."

So ist uns in Lindaus: „Erinnerungen eines Soldaten aus den Feldzügen der königlich deutschen Legion" ein getreues Bild aus den Kämpfen in Spanien und bei Waterloo erhalten geblieben. Leider aber war diese wertvolle Quellenschrift im Buchhandel seit langem nicht mehr zu haben. Ich glaube aber, dass das so recht anschaulich und volkstümlich geschriebene Buch es wohl verdient, wieder weiteren Kreisen zugänglich gemacht zu werden. Und so hat sich denn der Verlag von Ernst Geibel, Hannover, bereit gefunden, es in die Reihe der „Hannoverschen Volksbücher" aufzunehmen und durch gute Ausstattung und billigen Preis für eine möglichst weite Verbreitung zu sorgen.

Bei der Neuherausgabe habe ich den Text der heutigen Schreibweise angepasst, hier und da längere Sätze in einfache aufgelöst und das Ganze in kürzere, leichter übersichtliche Absätze und Kapitel mit entsprechenden Überschriften eingeteilt. Einige Fremdwörter wurden von mir verdeutscht oder durch Fußnoten erläutert. In allem Übrigen ist der Text der ersten Ausgabe unverändert geblieben.

Sind auch in diesem Jahre aller Augen vorwiegend auf den großen Weltkrieg der Gegenwart gerichtet, so wird trotzdem der schlichte Bericht eines Soldaten aus den Kämpfen vor hundert Jahren in unseren Tagen bei Volk und Heer nicht unbeachtet bleiben. Möge dieses Buch die dankbare Erinnerung an die tapferen Helden der königlich-deutschen Legion wachrufen! Möge dieses Beispiel uns bestärken in dem unerschütterlichen Willen, auszuharren und wie die Freiheitskämpfer vor hundert Jahren den letzten Blutstropfen daranzusetzen, bis der endgültige Sieg und ein ruhmvoller Friede für unser Vaterland errungen ist!

Karl Henniger im Jahre 1915

Vorwort zur Ausgabe 2008

Die Lebens- und Leidensgeschichte des Friedrich Lindaus enthält Außergewöhnliches. Von den täglichen Drangsalen der französischen Besatzer angewidert und zur offenen Opposition bereit, verlässt der junge Mann seine angestammte Heimat um in der Fremde eine Möglichkeit zu suchen, gegen diese Besatzung mit Waffengewalt vorzugehen. Er findet dabei als Deutscher in englischer Uniform auf spanischem Boden diese Möglichkeit und macht alle großen Schlachten auf der iberischen Halbinsel mit.

Selbst nach der ersten Abdankung Napoleon, seiner Rückkehr nach Frankreich und der erneut installierten Herrschaft bleibt er seinem Vorsatz treu und nimmt unter anderem an der Verteidigung der Ferme Le Haye-Sainte im Zentrum der Alliierten teil, deren Behauptung durch die deutsch-britischen Truppen letztlich zum Sieg an jenem 18.Juni 1815 und der zweiten und endgültigen Abdankung des Kaisers der Franzosen führte.

So, als wäre seine damit Schuldigkeit getan, lässt er sich trotz der Widerstände seines Kommandeurs aus dem aktiven Militärdienst entlassen und kehrt nach all den schrecklichen und zum Teil sehr blutigen Erlebnissen einfach wieder nach Hause zurück.

Das Original des Jahres 1915 wurde nochmals für die aktuelle Rechtschreibung überarbeitet, es wurden weitere ergänzende Fußnoten eingesetzt und zur besseren Verdeutlichung befinden sich im Anhang weitere Angaben zur Uniformierung des 2.leichten Bataillons der Königlich-Deutschen Legion.

Der Verleger im Mai 2008

1.Kapitel
Die Schmach von Hameln

Es war eine schreckensvolle Nacht für die Einwohner von Hameln, die dem Tage vorherging, an welchem die Stadt den Franzosen übergeben wurde. Als sich das Gerücht verbreitet hatte, dass der Befehlshaber kapituliert habe und dass die Soldaten, von ihren Offizieren getrennt, als Kriegsgefangene nach Frankreich gebracht werden sollten, traten diese voll Erbitterung zusammen und ohne den Befehlen ihrer Vorgesetzten Folge zu leisten, erbrachen sie am 20.November 1808, als es dunkel geworden war, die Magazine.

Bald darauf durchzogen Massen von Soldaten, mit Rum und Wein berauscht, mit ihren Waffen die Straßen, schossen in die Fenster und verwundeten sich gegenseitig. Mehrere brachten Pulverfässer auf die Straßen, um die Stadt in die Luft zu sprengen. Die zur Verzweiflung gebrachte Menge wälzte sich fluchend nach der Wohnung des Kommandanten, Generalmajors von Schöler, und hätte gewiss an ihm grässliche Rache für den Verrat genommen, wenn nicht die Kavallerie sein Haus vor den Wütenden geschützt hätte.

Während auf diese Weise der Sturm einer losgelassenen Kriegshorde in den Straßen meiner Vaterstadt tobte, war es mir unmöglich, in dem stillen Stübchen meiner Eltern zu verweilen, wo der besorgte Vater vor dem schauerlichen Feuerrufe zitterte und die Mutter, mit gefalteten Händen den Himmel um Beistand anrief. Ich wollte sehen, was draußen vorging; auch lockte mich die Lust nach Beute. Meine Eltern baten mich, bei ihnen zu bleiben und nicht so leichtsinnig mein Leben aufs Spiel zu setzen; aber vergeblich.

Ich schlich mich vor die Türe, durch den Lärm der Straßen und kam zum Ost-Tore, wo ich in der Kasematte einen betrunkenen preußischen Soldaten fand, der mich nicht hinderte, einen Eimer voll Rum zu schöpfen, mit welchem ich, von der Dunkelheit geschützt, glücklich vor unserer Wohnung ankam.

Indessen hatte sich vor dem Hause unseres Nachbars, wo ein Kapitän in Quartier lag, dessen Kompanie versammelt und war jetzt gerade im Begriff, unser Haus zu stürmen, aus welchem einige Schüsse in ihre Reihen gefallen waren. Man schoss durch die verschlossenen Läden, verwundete eine alte Frau an der Schulter und tötete einen preußischen Soldaten in der unteren Stube. Die Haustüre wurde erbrochen; ich kam im Gedränge mit ins Haus. Man stürmte die Treppe hinauf und riss meinen Vater aus der Stube, weil man ihn für den Urheber der Schüsse hielt. Es gelang ihm indes, die Wut der Soldaten durch die Beteuerung seiner Unschuld von sich abzulenken. Sie erbrachen eine andere Stube, die verrammelt war; hier fanden sie einige Soldaten mit soeben abgeschossenen Gewehren.

Der Hauptmann wollte in seinem Zorne den einen niederstechen; allein die Frau des Bedrohten stürzte herbei, umfasste die Knie des Zürnenden und rettete so das Leben ihres Mannes. Sie konnte aber nicht verhindern, dass die Verdächtigen mit Kolben gestoßen und nach der Wache verschleppt wurden.

Als es im Hause wieder ruhig geworden war, trieb es mich abermals fort. Ich schweifte auf den Straßen umher und sah dem Treiben der Soldaten zu. Hier fluchten einige, weil sie ein Fass Rum nicht weiter zu wälzen vermochten; dort tobte ein Soldat an einer verschlossenen Tür und forderte den Wirt auf, ihm eine Tonne voll Reis abzukaufen; andere zertrümmerten ihre Waffen, damit sie den verhassten Franzosen nicht heil in die Hände fallen sollten. Mir gelang es indes acht unversehrte Büchsen aufzuraffen, schöne blanke Waffen, an welchen ich eine herzliche Freude hatte. Ich eilte damit nach Hause und versteckte sie unter einer Menge Dachziegeln, welche im Hofe lagen.

Dann wagte ich mich wieder hinaus. Es mochte gegen 04.00 Uhr morgens sein, als ich auf die Bäckerstraße gelangte, wo mein Schwager wohnte. Gerade stürmte ein Haufen preußischer Soldaten dessen Haus und verlangte von ihm, er solle kaufen, was sie feil boten. Ich kam gerade früh genug, um ihm helfen zu können. Als er sich entschieden geweigert hatte, den Willen der Soldaten zu erfüllen, stieß einer mit dem Bajonett nach ihm. Das wurde uns nun zuviel; wir ergriffen Mistgrepen[1] und trieben die Soldaten zum Hause hinaus. Indessen ging es gegenüber friedlicher zu; denn da kaufte der Hauswirt einem preußischen Soldaten für einen Taler eine lange Tonne voll Rosinen ab.

Jetzt eilte ich nach dem Münsterkirchhof, um zu sehen, was es dort gäbe; allein schon in der Kirchstraße kam mir eine Masse von flüchtigem Fußvolke entgegen, auf welches die Kavallerie scharf einhieb, um es zur Ordnung zurückzubringen und von ferneren Ausschreitungen abzuhalten. Hier was das Schießen so arg, dass ich es vorzog, eiligst zurückzulaufen und im Hause meines Schwagers, das ich soeben verlassen hatte, Schutz zu suchen. Dort blieb ich bis zum Tagesanbruch; dann legte sich der Sturm. Die meisten Soldaten waren schon in der Dunkelheit der Nacht aus dem Oster-Tore geflüchtet, um der traurigen Gefangenschaft zu entgehen; nur einzelne Betrunkene wankten hier und da auf der Straße umher.

---

[1] (veralt.) - Mistgabeln

Gegen 10.00 Uhr morgens rückten die ersten Holländer und Franzosen in das Neue-Tor. Ich musste sie sehen, so sehr ich den Feind auch hasste, dem es gelungen war, sich durch Gold den Eingang in meine Vaterstadt zu eröffnen. In der Nähe des Tores, an der Ecke der Ritterstraße, hatten sich vier preußische Soldaten aufgestellt, welche trunkenen Mutes auf den einrückenden Feind schossen. Sogleich aber ritt ein holländischer Reiter auf sie los, spaltete dem einen den Kopf und jagte die übrigen, die ihre Gewehre wegwarfen, in die Flucht.

Da jetzt alle Einwohner in die Häuser flüchteten, so eilte ich fort, ging aber nach der nächsten Kaserne, um, wenn ich noch Sachen von Wert fände, diese den Händen der verhassten Feinde zu entziehen. Hier sah ich alles zertrümmert, suchte mir indes noch einen Packen Leder zusammen und gelangte mit demselben, indem ich meinen Weg durch Gärten und Höfe nahm, glücklich nach Hause. Meine Eltern freuten sich, dass sie mich wohlbehalten wieder bei sich sahen. So wenig es mir nun behagte, so musste ich mich doch still im Hause verhalten, weil der Feind bekannt gemacht hatte, dass sich niemand bei Todesstrafe mehr auf der Straße blicken lassen sollte.

So vergingen mir denn ein paar Tage, in welchen sich die Franzosen in Hameln festsetzten. Da suchte man nun Leute, die im Hospitale die Aufwartung der Verwundeten und Kranken besorgen sollten. Weil nun in diesen unruhigen Tagen meines Vaters Handwerk keinen Fortgang hatte, so meldete er sich und wurde samt mir und meiner Mutter angenommen. Diesen oft herzzerschneidenden Dienst haben wir etwa ein halbes Jahr besorgt. Jeder von uns bekam monatlich 7 Taler, wofür wir sehr viel Arbeit und Tag und Nacht keine Ruhe hatten. Denn das zum Lazarett eingerichtete Schulhaus, welches früher den Domherren des Stifts Sankt Bonifazius zur Wohnung gedient hatte, war nun ganz mit verwundeten Preußen und Franzosen angefüllt.

Einer der Verwundeten erregte meine besondere Teilnahme; es war ein ganz junger Mensch aus der Nähe von Preußisch-Minden, der einen Schuss in das Bein bekommen hatte. Dieser jammerte in seinen Schmerzen stets nach Vater und Mutter und beklagte sein und seiner Eltern Los, da sie sich wohl in ihrem Leben nicht Wiedersehen würden. Allein die Eltern des jungen Menschen hatten sich auch nach ihrem Kind gesehnt und waren in einem Wagen nach Hameln gekommen. Sie wandten sich an mich, da sie wussten, dass ihr Sohn im Hospitale lag und baten flehentlich, ich möchte ihnen doch behilflich sein, damit sie ihren Sohn mit nach Hause nehmen könnten. Ich versprach ihnen meine Hilfe, hieß den Vater gegen Abend seinen Wagen vor dem Wirtshause anspannen und selbst an der Ecke der Münsterkirche sich einstellen; ich wollte dann versuchen, was möglich wäre.

Im Vertrauen auf das Wohlwollen, das der Arzt des Hospitales mir immer bewiesen hatte, weil ich ihm stets freundlich zur Hand war, wagte ich es, bei einbrechender Dunkelheit den jungen Preußen auf den Rücken zu nehmen. Der Posten ließ mich ungehindert durch, da ich ihm vorlog, ich wollte den Kranken zum Doktor ins Bad tragen. An der Münsterkirche erwartete mich mit klopfendem Herzen der Vater, der mir die ihm so treure Last abnahm und mich mit einem Taler beschenkte. Abwechselnd trugen wir dann den Kranken bis zum Wagen, der vor dem Wirtshause „Zur Stadt Hamburg" hielt und wo uns die Mutter mit Freudentränen empfing. Ich begleitete dann den Wagen ganz aus dem Neuen-Tore, wo der Torschreiber, den ich gut kannte, uns frei passieren ließ, nachdem ich ihm das Geheimnis mitgeteilt hatte. Dann kehrte ich leichten Herzens zum Lazarett zurück.

Am anderen Tage fehlte der Preuße. Es kam eine Kommission zur Untersuchung; ich sollte wissen, wo er wäre, fand es indes für gut, nur auszusagen, dass ich ihn gestern Abend mit Hilfe seines Krückstockes hätte aufstehen sehen. Als die Kommission fort war, erzählte ich dem Doktor die ganze Geschichte; der war damit zufrieden und freute sich, dass der junge Mensch seine Eltern wiedergefunden hatte, nach denen er so oft gejammert hatte.

Im Hospitale wurden die Verwundeten zwar recht gut verpflegt, aber manche von ihnen wünschten doch Tabak zu haben, der ihnen nicht geliefert wurde. Um ihnen diesen Wunsch zu erfüllen, brachte ich mit einem alten, leicht verwundeten Preußen, der die Aufwartung mitbesorgte, bei einer günstigen Gelegenheit von dem großen Holzhaufen, der auf dem Münsterkirchhofe lag, einzelne Klötze in die Stadt, kaufte für das daraus erlöste Geld Tabak und steckte ihn den verwundeten Preußen zu. Diesen war eine solche Erquickung zu gönnen; denn außer den Schmerzen ihrer Wunden mussten sie noch den Hohn der Holländer und Franzosen und alle Schrecknisse eines Lazaretts ertragen.

Hier lag ein Sterbender, der ohne Besinnung seinem Tode entgegen röchelte; dort empfahl sich ein anderer mit inbrünstigem Gebete dem Herrn und hauchte mit dem letzten Worte des Gebets auch seine Seele aus; und drüben lag ein Sterbender, der unter unsäglichen Schmerzen die Stunde seiner Geburt verfluchte und unter Schreien und Heulen seinen Geist aufgab.

Unter solchen Szenen musste ich nun meine Tage und Nächte verleben, dem einen Medizin reichen, dem anderen Tee einschenken, den dritten, wenn er im Wundfieber aufspringen wollte, im Bette zurückzuhalten suchen.

Eines Abends war ich so müde und erschöpft, dass ich, statt in mein Bett zu gehen, mich neben einen Verwundeten legte, ohne es zu bemerken. In der

Nacht wurde ich geweckt, weil einer der Kranken Tee zu haben wünschte. Beim Erwachen fühlte ich es kalt an meiner Seite - ich lag neben einer Leiche.

Fast in jeder Nacht starben sechs bis sieben dieser Unglücklichen, welche man am Morgen entfernte; waren es Preußen, so wurden sie von den rohen Franzosen die Treppe hinuntergestürzt. In einer kleinen Kammer neben der Küche blieben die Toten liegen, bis der Arzt kam, der sie dann in einen Sarg tun und nach dem Kirchhofe bringen ließ. Der Sarg aber wurde jedes Mal wieder nach dem Hospitale zurückgebracht, um neue Opfer des Todes aufzunehmen.

2.Kapitel
Unter der Fremdherrschaft

Aus diesem Orte des Jammers erlöste mich ein Kommissär, der mich zu seiner Bedienung mit nach Göttingen nahm und mich sehr freundlich behandelte. Als er aber von da über Frankfurt nach Paris reisen wollte, weigerte ich mich, ihn ferner zu begleiten, weil ich einen unvertilgbaren Groll gegen Frankreich und die Franzosen hatte. Ich verließ ihn deshalb, ging nach Hameln zurück, ließ mir ein Wanderbuch geben und reiste nach Lemgo, wo ich ein Jahr lang bei dem Meister Sauerländer arbeitete.

Kaum war ich vierzehn Tage in Lemgo, so rückten Franzosen in die Stadt und der Meister bekam sechs Mann zur Einquartierung. Diese Gäste waren mir an sich schon verhasst genug, wurden es aber noch mehr, da sie sich so übermütig und herrisch benahmen. Das Essen war ihnen nie gut genug, und jeden Abend wollten sie Schnaps und Bier haben. Der eine von ihnen verlangte auch noch andere Genüsse und wollte meinen Meister zwingen, mit ihm zu gehen. Da ich nun die Furcht meines Meisters sah, so bot ich mich zur Begleitung an und führte den Franzosen hinter die Mauer, wo tiefe Mistgruben waren. Indessen mochte dem Franzosen wohl der Weg zu lang werden; er griff mich an und wollte mich prügeln. Ich entwand mich ihm aber, rannte dann gegen ihn an und stürzte ihn in eine tiefe Mistgrube. Dann kehrte ich zum Meister zurück, erzählte ihm mein Abenteuer und machte mich, da der Franzose nicht wieder zurückkehrte, fort und brachte die Nacht bei einem Gesellen des Weißgerbers Müller zu.

Dieser Geselle hatte schon bei der englisch-deutschen Legion gedient, war aber bei der Expedition in das nördliche Deutschland desertiert und hatte keinen sehnlicheren Wunsch als zu seinem Korps zurückkehren zu dürfen, wovon ihn aber die Furcht vor Strafe zurückhielt. Dieser riet mir fortwährend, unter die englisch-deutsche Legion zu gehen und schilderte mir den Dienst bei derselben so angenehm, dass ich den festen Entschluss fasste, seinem Rate zu folgen. Da es indessen der Franzosen wegen schwer war, nach England zu kommen und mein Meister in Lemgo mich nicht fortlassen wollte, so blieb ich noch etwa ein Jahr bei ihm.

Dann reiste ich nach Hameln zurück, mit dem festen Entschluss, so bald als möglich nach England zu gehen. Die wenigen Wochen, die ich noch in meinem Geburtsorte verlebte, waren mir ein Vorspiel dessen, was mir in der Zukunft noch bevorstand.

Eines Tages ging ich mit mehreren anderen Handwerkergesellen nach der Berkelschen Warte, einem Tanzplatze, eine halbe Stunde von der Stadt am Fuße des Forts, welches von den Franzosen besetzt war. Als wir zu tanzen angefangen hatten, erschienen die Franzosen vom Fort, die uns erst am Tanzen störten, dann, als ihrer noch mehrere gekommen waren, uns mit gezogenem Degen aufforderten, den Ort zu verlassen. Wir wichen, gingen hinunter und überlegten, ob wir uns eine solche Behandlung gefallen lassen wollten und ob wir unseren Freudenstörern wohl gewachsen wären.

Nach kurzer Überlegung machten wir uns an die Zäune, zogen die Pfähle heraus, besetzten dann Haus- und Hoftüre, und die Beherztesten von uns gingen hinauf in den Saal. Kaum waren die ersten darin, als sogleich die Franzosen mit ihren Degen auf uns eindrangen. Von beiden Seiten fielen die Streiche, der Boden färbte sich mit Blut, aber die Unsrigen rückten nach. Die Franzosen zogen sich in eine Ecke zurück und schon lagen mehrere von ihnen betäubt am Boden. Da gaben sie gute Worte und baten um Schonung. Wir vertrugen uns mit ihnen, legten unsere Zaunpfähle beiseite und tranken mit ihnen, so dass sich dieses Schlachtfeld plötzlich in ein fröhliches Gelage verwandelte.

Indessen bekamen wir Nachricht, dass einer von den Franzosen in der Hitze des Kampfes, von uns unbemerkt, aus dem Fenster gesprungen sei und schon mit Hilfe vom Fort herbeieile. So sehr nun die Franzosen ihre Freundlichkeit verdoppelten und uns aufzuhalten suchten, so hielten wir es doch für geraten, uns davonzumachen. Wir vermieden aber das nächste Tor, weil dieses, wie man uns sagte, schon besetzt sei und gingen in einem Umkreise um die Stadt über Klein-Berkel, den Ohrberg, Ohr und Tündern, wo wir über die Weser setzten, und kamen einzeln ins Oster-Tor, nachdem wir uns sorgfältig vom Blute reingewaschen hatten. Es war höchste Zeit gewesen; denn die zur Hilfe herbeieilenden Franzosen verfolgten uns noch, wenn auch vergeblich, bis an den Fuße des Ohrberges.

Am anderen Sonntage ging ich abends mit einigen meiner Freunde auf den Tanzboden. Wir standen ganz bescheiden an der Tür und sahen zu; aber auch das wollten die Franzosen nicht leiden, schalten uns „*paysans*"[2], was uns sehr verdross und was wir mit „Hundsfott" erwiderten. Da drangen sie mit Gewalt auf uns zu und brachten uns mit Prügeln aus der Haustür. Einige Franzosen verfolgten uns auf die Straße, wo es dunkel war; hier gab es tüchtige Schläge, und am anderen Morgen fand man auf dem Flecke die Leiche eines Franzosen.

Solche Auftritte erlebte ich oft und so wenig ich es über mich vermochte, dabei zu fehlen, so verleideten sie mir doch den Aufenthalt in meiner Vaterstadt und machten die Sehnsucht nach England wieder in mir rege.

Mit einem meiner Jugendfreunde, dem Gärtnerburschen Kruse, dessen Vater hannoverscher Soldat gewesen war und der den Hass gegen die Franzosen und die Lust nach Abenteuern mit mir teilte, hatte ich schon oft überlegt, wie wir am leichtesten unsere Entweichung bewerkstelligen könnten; denn unsere Eltern verweigerten uns die Erlaubnis zur Abreise.

Endlich hatten wir einen Tag festgesetzt und Kruse machte sich bei Tagesanbruch davon. Seine Mutter aber, die ihn sogleich vermisste, kam nach unserem Hause, um sich nach ihrem Sohne zu erkundigen. Ich wurde mit Gewalt zurückgehalten, während Vater Kruse nun seinem Sohne nacheilte und ihn alsbald einholte. Der Junge verweigerte die Rückkehr, alle Vorstellungen halfen nichts. Der Vater brauchte Gewalt, allein der Sohn warf sich auf die Erde; der Vater prügelte, aber vergebens. Endlich drohte der Vater, er werde ins nächste Dorf eilen und ihn durch Gendarmen verfolgen lassen. Das wirkte und gelassen ging der Junge wieder heim.

Jetzt beobachtete man uns aber sorgfältig, verschloss unser Zeug und ließ uns nie allein, so dass es uns unmöglich war, eine neue Entweichung zu verabreden. Aber auch das konnte mich nicht bewegen, meinen Entschluss aufzugeben.

3. Kapitel
Die Flucht zu Königlich Deutschen Legion

Es war am Martinstag[3] des Jahres 1809, als ich eines Montagmorgens mein väterliches Haus verließ. Ich nahm nichts mit als das Zeug, das ich auf dem Leibe trug, einen halben Gulden, ein Hemd, das ich Sonntags vorher

---

2 paysans - (franz.) Bauern
3 Martinstag - 11. November

versteckt hatte und außerdem einen Stecken. Ich eilte unbemerkt zum Oster-Tore hinaus; nur mein kleiner Bruder, der gehört hatte, dass ich nach England wollte, lief mir nach und bat mich fortwährend, zur Mutter zurückzukehren, die sich sehr grämen würde. Als er aber sah, dass ich seine Bemühungen fruchtlos blieben, verlangte er, ich solle ihn mitnehmen. Ich forderte ihn ernstlich auf, wieder umzukehren und trieb ihn endlich mit Schlägen zurück. Das war der Abschied von den Meinen.

Gegen Abend war ich in Hannover und am anderen Morgen eilte ich nach Bremen zu. Drei Stunden hinter Hannover traf ich einen Malerburschen, einen guten Bekannten von mir, der mir erzählte, dass sein Geschäft sehr schlecht ginge. Als ich ihn mit meinem Vorhaben bekannt gemacht hatte, fasste er sogleich den Entschluss, mit mir zu gehen. Da mein Begleiter noch mit Geld und Lebensmitteln versehen war, ich aber von allem entblößt war, so unterhielt er mich bis Bremen, wo ich in der Malerherberge mit ihm einsprach; denn zur Schuhmacherherberge wollte ich nicht, aus Besorgnis, ich möchte mich überreden lassen, Arbeit zu nehmen. Der Maler ging nun aus, sein Geschenk zu holen und ich machte mich auf die Straße, um mir einige Zehrpfennige zu suchen.

Als ich einige Groten in der Tasche hatte, bemerkte mich ein Polizeidiener und setzte mir nach; aber bald war ich ihm aus dem Gesichte und gelangte glücklich wieder in der Malerherberge an. Hier hatte indessen mein Reisegefährte schon tüchtig auftischen lassen und forderte mich auf, Platz zu nehmen. Mir wollte aber, so sehr es mich hungerte, das Essen nicht schmecken, weil ich berechnete, dass unsere Barschaft schwerlich hinreichen würde. Mein Gefährte aber, dem ich meine Besorgnis mitteilte, lachte mich aus und sagte, ich sollte ihn nur sorgen lassen, die Mahlzeit werde uns keinen Pfennig kosten, auf dergleichen sei er schon eingeübt. Nach dem Essen verließen wir das Wirtshaus, in der Absicht, zu bezahlen, wenn wir noch einmal wiederkommen würden und der Wirt ließ uns ohne Arg fort, weil der Maler sein Felleisen zurückließ, das freilich aus zerrissenem Wachstuch bestand und mit Heu ausgefüttert war. Ich stand indessen große Angst aus, fürchtete immer, man würde uns nachsetzen und sah mich oft um; doch wir entkamen glücklich ins Oldenburgische.

Mein Gefährte änderte aber hier seinen Entschluss und ging nach Oldenburg hinein. Ich wandte mich wieder nach der Weser, um eine Gelegenheit aufzusuchen, nach England zu entkommen. Weil mein Geldvorrat sehr gering war, so sah ich mich genötigt, das Mitleid der Menschen in Anspruch zu nehmen und nie fehlte es mir in diesen Tagen an etwas Schwarzbrot und Buttermilch. Nur des Abends, wenn ich ein Wirtshaus erreicht hatte, aß ich warme Kartoffeln, schlief auf Stroh und zahlte am anderen Morgen einen Guten-groschen.

In diesen Tagen traf ich einen Bauern, der mir zu meiner großen Freude von den Engländern erzählte, welche oft landeten, die Duanen[4] zurückschlü-gen und Waren einschmuggelten. Bei diesem Bauern blieb ich einen Tag, machte ihm ein Paar Schuhe, verdiente damit einige Grote und eilte weiter. Noch einmal, ehe ich über die Weser setzte, sah ich mich gezwungen, vier Tage Arbeit zu nehmen, um mir hier das nötige Schlafgeld für die Weiterreise zu verdienen.

Endlich kam ich eines Nachmittags in Ritzebüttel an, wo mir gleich ein Mann in roter Uniform aufstieß, dem ich, obgleich er meine Sprache nicht verstand, doch deutlich machte, dass ich nach England wolle, um Soldat zu werden. Er brachte mich nach einem Hause am Wasser, in welchem ich einen Seesoldaten mit blankgezogener Waffe, bei sieben Männern in blauer Uni-form mit roten Aufschlägen und runden, an der Seite aufgeklappten Hüten fand. Sie waren, wie sie mir nachher erzählten, Leute vom Schillschen Korps, die, nachdem ihr Führer gefallen war, auf einem englischen Schiffe Zuflucht suchten, um noch ferner gegen die verhassten Feinde des Vaterlandes kämp-fen zu können. Nach einer halben Stunde kam ein Offizier von einem in der Nähe liegenden Kriegsschiffe, der uns in gebrochenem Deutsch ausfragte, worauf er uns versprach, dass wir bald abgeholt werden sollten und der sich dann in seinem kleinen Boote wieder fortschiffte.

Ein größeres Boot holte uns acht bald darauf nach dem Schiffe, wo wir ins zweite Deck gebracht wurden. Hier war es dunkel; wir waren hungrig und fühlten uns so einsam und verlassen, dass wir befürchteten, man möchte uns betrogen haben. Indessen brachte uns ein Matrose eine Schüssel mit Salzfleisch und Schiffszwieback. Wir taten uns gütlich und fassten wieder fri-schen Mut. Nach einigen Stunden empfanden wir einen brennenden Durst und die Matrosen führten uns an ein Fass oben auf dem Verdecke. Mit einem blechernen Becher schöpften wir uns Wasser, aber es war faul und nur der große Durst brachte es hinunter.

Als wir wieder auf dem zweiten Deck waren, befanden wir uns sehr schlecht; mich quälte noch dazu der Gedanke an meine Eltern, denen ich ei-nen Brief zu schreiben wünschte. Ich suchte einen Offizier auf und bat um die Erlaubnis, nach Hause schreiben zu dürfen. Er fragte mich, woher ich wäre; ich nannte ihm Hameln an der Weser, wo man die Festung geschleift habe.

Er schien dies zu wissen und gab mir Papier und Feder; Tinte hatte einer von den Schillschen, namens Kipp; ein anderer, namens Normann, schrieb

---

4 Duanen - (franz.) Zollwächter/ -soldaten

mir den Brief. Beide traten in die Kavallerie der Legion; ich habe aber später nie wieder etwas von ihnen gehört. Als der Brief fertig war, händigte ich ihn dem Offizier ein, der seine Besorgung übernahm. Er muss aber vieles darin gestrichen haben, wie ich später von meinem Bruder, dem Schlachter, erfuhr, der in derselben Absicht wie ich nach England kam und in Harwich mit in unser Bataillon eingestellt wurde.

4.Kapitel
Die Überfahrt nach England

Noch an demselben Abend, es mochte 06.00 Uhr abends sein, kam ein Boot ans Schiff. *„Germans, come up!"*, rief es von oben herab; wir verstanden es aber nicht, bis uns ein Matrose winkte. Oben angekommen, sahen wir ein großes Boot beilegen und nahmen Abschied von dem Offizier, der uns Mut einsprach und sagte, wir würden bald in England sein. Dann bestiegen wir das Boot, welches der Matrose ganz zumachte und uns unter Deck allein zurückließ, wo es sehr schmutzig war von den Kohlen, zu deren Transport das Schiff sonst gebraucht wurde.

Jetzt erhob sich ein Wind und nur mit Mühe konnten wir uns festhalten; denn bald lagen wir auf der einen Seite, bald auf der anderen, bald fuhren wir mit dem Kopfe in die Tiefe. Ich hielt mich für verloren, dachte an meine Heimat, an meine Eltern und bereute schon den Schritt, den ich getan hatte. Selbst den Schillschen entsank der Mut, an dem es diesen Leuten doch sonst nie gefehlt hat. Es war hier freilich nicht mehr feste deutsche Erde unter uns, wenn auch noch deutscher Himmel über uns.

Indessen wütete der Sturm die ganze Nacht hindurch. Oft hörten wir die Matrosen laut rufen und glaubten, unser Schiff würde untergehen; dann hörten wir sie wieder ordentlich sprechen, was unseren Mut aufrichtete. Diese schreckliche Lage in dem dunklen Raum des Schiffes, dessen Unreinlichkeit durch unser Übelbefinden noch vermehrt wurde, besserte sich nicht. Wir verwünschten unseren Entschluss und wären nimmer zu Schiffe gegangen, wenn wir das vorher gewusst hätten; zuweilen fürchteten wir auch, man möchte uns betrogen haben.

Endlich hielt das Schiff still. Wir freuten uns; aber höher stieg unsere Freude, als durch die geöffnete Luke weder Licht in den dunklen Raum fiel. Man winkte uns; ich war der einzige, der stehen konnte; die anderen krochen, von mir unterstützt, die Treppe hinauf. Auch die Matrosen halfen uns, schienen aber an dergleichen Szenen gewöhnt zu sein und lachten uns aus, wenn wir ihnen unsere Not klagten.

Ganz in der Nähe, vielleicht eine halbe Stunde entfernt, lag die Insel Helgoland, ein berghoher Felsen. Oben arbeiteten Leute an Winden, mit denen sie Waren aus den Schiffen hinaufwanden. Ganz oben auf dem Felsen, der sich im Wasser spiegelte, stand ein Leuchtturm, auf welchem bald diese, bald jene Fahne aufgezogen wurde. Rings um uns erblickten wir schwimmende Tonnen, welche, wie wir später erfuhren, die gefährlichen Stellen bezeichnen. Seemöwen flogen zu Tausenden umher, kamen dicht an unser Schiff und schienen vergnügter zu sein als wir.

Nach einiger Zeit hielt plötzlich neben unserem Schiffe ein offenes Boot, das uns abzuholen bestimmt war. Mit unseren beschmutzten Sachen stiegen wir, selbst von oben bis unten besudelt, hinein. Wir hatten uns freilich gewaschen, aber ohne Erfolg; denn der Schmier an Händen und Gesicht war nur mehr geworden und das Reiben mit dem Segeltuche hatte ihn nur fester gemacht. Bald gelangten wir zu dem nahe liegenden größeren Schiffe und vermittelst einer kleinen Leiter bestiegen wir es. Hier mussten wir uns sogleich mit süßem Wasser und Seife waschen, was guten Erfolg hatte. Darauf untersuchte ein Arzt unseren Gesundheitszustand und erklärte ihn für genügend.

Auf diesem Schiffe ging es uns besser. Wir bekamen auf dem oberen Deck einen Winkel angewiesen, in welchen wir unsere Sachen brachten. Dann besahen wir uns das Schiff und freuten uns über die Schönheit und die Reinlichkeit desselben. Bald kam ein Matrose und brachte einen hölzernen Kump mit Salzfleisch, Speck und Schiffszwieback und lud uns freundlich zum Essen ein. Wir aßen nun ein wenig Zwieback; aber es schmeckte uns nicht. Der Matrose sah es, ging fort und kam bald mit einem blechernen Topfe voll Krauseminztee[5], einem Beutel voll Sandzucker und zwei kleinen Kumpen von grobem Porzellan zurück. Wir tranken nun Tee. Der Matrose freute sich, wie wir heiter wurden und uns munter umhersahen, und lud uns wiederholt ein, Fleisch zu essen, was wir aber ablehnten, da wir einen Abscheu davor hatten.

Jetzt genossen wir erst recht die merkwürdige Aussicht und ergötzen uns an den vielen vorbeisegelnden Schiffen, die wir mit unseren Augen verfolgten. Manchen weißen Punkt sahen wir in der Ferne auftauchen, näher kommen, sich als schönes, stattliches Schiff entfalten und dann an uns vorbeisegeln. Die Matrosen kamen häufig in unsere Nähe, betrachteten uns aufmerksam und lobten unseren Entschluss, Soldaten zu werden, lachten aber, wenn wir etwas sagten.

---

[5] (veralt.) - Pfefferminztee

17

Am Nachmittage ging das Schiff unter Segel. Der Anker wurde an einem langen Taue, an welchem die Matrosen zogen und wobei wir halfen, herauf gewunden. Einige von den Matrosen gingen am Maste hinauf und standen auf den Segelstangen; wir entsetzten uns und fürchteten stets, es möchte dabei einer ins Wasser fallen. Rasch durchschnitt jetzt das Schiff die Wellen und alles war auf demselben in seinem regelmäßigen Gange. Ein Matrose hatte ein großes Stück Blei, wie ein Uhrgewicht, womit er die Tiefe des Wassers maß und zugleich den Grund und Boden untersuchte, mittelst eines Stücks Wachs, das unten am Blei befestigt war. Ein anderer am Hinterteile, mit Uhr und Buch, stand mit diesem in Verbindung und maß die Geschwindigkeit des Schiffes. Dicht vor dem Steuermanne stand der Kompass, welcher wie das Zifferblatt einer Uhr aussieht.

Dann sank die Sonne wie ein großes feuriges Wagenrad ins Meer. Über uns wölbte sich der schöne Sternenhimmel; ringsum nichts als Wasser, in dem sich die Sterne spiegelten, so dass wir in einem unabsehbaren Meere von Lichtern zu schwimmen schienen. In meinem Herzen war abwechselnd Freude, Furcht und Hoffnung für die Zukunft; in England, dachte ich, würde es gleich gegen den Feind gehen. Das Essen, das uns diesen Abend angeboten wurde, schlugen wir aus.

Gegen 10.00 Uhr mussten wir vom Vordeck; in unserem Winkel legten wir uns auf die platte Erde und ich schob mein Bündel unter den Kopf. Aber die Bewegung des Schiffes hinderte mich, so zu liegen; deshalb setzte ich mich wie dir übrigen gegen die Wand des Schiffes, schlief aber nicht und wünschte, erst am Lande zu sein. Die Zeit verstrich aber sehr langsam; der eintönige Schlag der Wellen vermehrte die langweilige Stille. Nur alle zwei Stunden schlugen die Matrosen mit einem großen Ruder auf das Vordeck und weckten die Ablösung; jedes Mal entsetzten wir uns und fürchteten, das Schiff möchte auf Klippen gestoßen sein.

Endlich brach das Licht des Morgens durch die gläsernen Kugeln im Verdecke in unsere Dunkelheit und brachte Trost und Hoffnung in unsere verzagten Seelen. Wir eilten auf das Vordeck und sahen den feurigen Ball der Sonne empor leuchten und die See mit blendendem Glanze erfüllen. Nach der anderen Seite hin bemerkten wir Land; es sei England, das Ziel unserer Wünsche, wurde uns gesagt.

Gegen 07.00 Uhr gab man uns Brot und Fleisch; wir mochten es aber nicht essen, steckten es aber in unsere Bündel. Bald fuhren wir in den Hafen ein, zwischen einer Menge Schiffe hindurch, unter welchen viele Kriegsschiffe waren, und legten dicht am Lande an, wo schon vier Mann von einem deutschen Depot auf uns warteten.

5.Kapitel
Rekrutenzeit

Wir stiegen ans Land, doch konnten wir kaum gehen. Wir hoben die Füße hoch in die Höhe und waren wie trunken. Unsere Landsleute nahmen uns freundlich auf. Unter ihnen war ein Sergeant, namens Meyer, der früher in Hameln gelegen hatte und der mich nach diesem und jenem fragte.

Unsere Begleiter führten uns nach der eine Viertelstunde vom Hafen gelegenen Kaserne. Hier fanden wir schon früher angekommene Rekruten aus Deutschland, die ich aber nicht kannte. Sie teilten uns von ihren Lebensmittel mit, wir gaben unser Fleisch zum besten. Das erste, was uns geliefert wurde, waren blaue Brotbeutel, die wohl versorgt wurden.

Bald nach Mittag kam ein Offizier von den leichten Truppen und fragte, unter welcher Waffengattung wir dienen wollten. Die Schillschen wählten die Kavallerie, ich den grünen Jägerrock, welchen mir der Sergeant Meyer, da er ihn selbst trug, sehr gepriesen hatte.

Bei diesem Depot in Harwich blieben wir einige Wochen, empfingen täglich unsere Rationen, ein Pfund Brot, des Mittags Gemüse und auch Fleisch und 4 Pence (= 3 Gutegroschen). Wenn ich mir des Morgens für 1 Pence Brot, für ½ Pence Käse und 1 Pence Bier kaufte, so blieben mir noch 1½ Pence, für die ich gewöhnlich Brot anschaffte, weil ich sonst nicht satt geworden wäre. Da wir aber am Ende jedes Monats noch 5 - 7 Schillinge bekamen, so hatte ich mir während der Zeit 2 Pfund 6 Schillinge gespart, wofür ich mir eine silberne Uhr kaufte.

Das viele Neue, das wir hier zu sehen bekamen, milderte die Langeweile. So fielen mir außer den roten Mänteln der Frauen ihre Holzschuhe auf, unter denen sie in der Mitte der Sohle ein rundes Eisen hatten, das mit drei etwa 2 Zoll hohen Säulen in der Sohle befestigt war und Spuren wie Eselstrappen im Sande zurückließ. Die Arbeitsleute und Bauern hatten 2 Zoll dicke Sohlen, auf denen das Gehen sehr beschwerlich war; die Leute gingen daher sehr langsam und bedächtig.

Ein angenehmer Zeitvertreib für uns war, dass wir Feuersteine suchten, dieselben zerschlugen und schön geäderte Stücke davon behielten. Auch fingen wir zur Zeit der Ebbe Krabben am Strande, kochten sie uns in der Kaserne und aßen sie sehr gerne. Fast täglich suchten wir uns kleine graue Schneckenhäuser, kochten sie und zogen mit einer Stecknadel das Tier heraus, das uns sehr wohlschmeckte. Auch in den Wirtshäusern, wo Bier getrunken wurde, standen solche gekochten Schnecken auf dem Tische, von denen man nach Belieben essen konnte.

Eines Morgens sahen wir wohl sechzig bis achtzig Schiffe voll Soldaten, die mit klingendem Spiel bei Harwich vorüberfuhren. Es war ein herzerfreuender Anblick, der in uns die Sehnsucht vermehrte, bald zu einem Regimente geschickt zu werden.

Mitten im Winter endlich, bei hellem Froste, marschierten wir unser 17 Mann mit dem Sergeanten Meyer und 2 Soldaten aus der Kaserne zum Stabe nach Bexhill. Wir berührten auf unserem Marsche die große Stadt London mit den schönen Häusern und den vielen Menschen in den Straßen. Ohne dass wir darin Halt machten, dauerte unser Marsch durch die Stadt doch einige Stunden. Später verließen uns die Schillschen, mit denen ich immer gute Freundschaft gehalten hatte, obgleich sie als Kavalleristen die Nase etwas hoch trugen. Auch der Sergeant mit seinen Leuten kehrte dann wieder zurück.

Einige Leute aus dem Hauptdepot hatten uns in Empfang genommen und mit diesen langten wir nach einem Marsche von mehreren Tagen in Bexhill an. Hier wurden wir alsbald eingekleidet, bekamen Hemden, Schuhe und Uniform und durften unser altes Zeug verkaufen. Das Exerzieren begann, des Morgens drei Stunden, des Nachmittags zwei; die übrige Zeit des Tages mussten wir putzen und die Zimmer der Kaserne reinigen. Nach vierzehn Tagen schon tat ich meine erste Wache, was mir große Freude machte.

So verflossen mir einige Wochen, bis die Expedition von Vließingen zurückkam. Fast die ganze Mannschaft hatte das Fieber bekommen und der größte Teil derselben hatte in Seeland sein Grab gefunden. Von einem Bataillone, das 1.000 Mann stark gewesen war, kamen kaum 400 wieder zurück und diese befanden sich so elend, dass sie kaum exerzieren konnten und dem Hospitale immer anheim fielen, so gerne sie auch Dienst tun wollten. Deshalb dauerte es auch länger als ein Jahr, bis die Regimenter wieder vollzählig waren.

Im zweiten Jahre meines dortigen Aufenthaltes musste ich bei dem Leutnant Denecke[6], der unsere Kompanie kommandierte, Bedienter sein, so ungern ich auch unter dem Gewehre wegging. Da in England aber jeder Soldat verpflichtet ist, auf Verlangen bei dem Offizier vier Wochen lang Bedienter zu sein, weil er im Weigerungsfalle sonst ebenso lange in Arrest kommt, so war ich dazu gezwungen.

---

[6] Georg Denecke (Denicke). Eintritt in die Legion zum 01.Oktober 1805. Er nahm 1805 an der Expedition nach Hannover, 1807/1808 am Feldzug im Baltikum, Einsatz auf der Iberischen Halbinsel in den Jahren 1808, 1809, 1811, 1812 und 1813. Weiterhin nahm er 1813/1814 am Feldzug in Südfrankreich und 1814/1815 an den Kämpfen in den Niederlanden teil. Danach muss er wohl um seinen Abschied nachgesucht haben, da die Unterlagen der Legion verzeichnen, dass er am 16.September 1815 erneut seinen Dienst aufnahm. Er starb am 17.November 1817 bei einem Schiffsuntergang vor der französischen Küste.

Nachdem die Zeit herum war, bat ich wiederholt um Entlassung, aber vergeblich, obgleich ich mich nicht sehr bemühte, meinem Herrn zu gefallen, da mir ein solcher Dienst gar nicht anstand. Besonders ärgerte ich mich über die Uniform, die die Offiziere ihren Bedienten hatten machen lassen und die so seltsam aussah, dass ich mich weigerte, sie anzuziehen und dass ich erst nach einer ernstlichen Drohung meines Herrn bewogen werden konnte, mich trotz des Spottes meiner Kameraden in die Hanswurstjacke zu stecken.

Eines Tages verdross es mich besonders, bei Tische aufwarten zu müssen. Ich ging deshalb ärgerlich in den Keller und trank ein Glas Bier. Bald darauf musste ich Teller aus dem Saale tragen, strauchelte aber im Vorzimmer und warf etwa acht schöne neue Teller, die mit den Namen des Bataillons verziert waren, zur Erde. Aus Furcht vor Strafe machte ich mich eiligst davon, lief erst in die Küche, dann in den Keller, wo das Bier eingeschenkt wurde. Mein Herr indessen, der von dem Unglücke wohl Kunde bekommen haben mochte, eilte mir nach und zwang mich wieder, im Saale aufzuwarten. Jetzt entschuldigte ich mich mit Übelbefinden; ich könnte nicht länger den Dienst bei Tische versorgen, weil ich im Keller Bier getrunken hätte. Mein Herr schickte mich deshalb nach Hause, kam aber gleich nach, weil er sich nicht ganz sicher fühlen mochte. In der frischen Luft wurden wir beide trunken und stürzten die hohe Treppe, die vor dem Hause war, hinab.

Im Ärger darüber beschuldigte mich nun mein Herr, dass ich ihn niedergeworfen hätte; als ich aber einen solchen Vorwurf zurückwies, brachte er mich sogleich in die Wache. Hier spotteten meine Freunde darüber, dass ein solcher Schuhputzer wie ich in seinem blanken Rocke in die Wache käme und machten mich darüber so ärgerlich, dass ich meinen Narrenrock auszog, ins Kaminfeuer schleuderte, mich auf die Pritsche legte und bis zum anderen Morgen schlief. Dann kam mein Herr wieder und holte mich aus der Wache.

Obgleich ich jetzt dringend bat, wieder unter das Gewehr treten zu dürfen, weil ich mich als Soldat und nicht als Bedienter hätte annehmen lassen, so musste ich doch noch ferner den verhassten Dienst verrichten. Ich erreichte auch dann meinen Zweck noch nicht, als ich abermals einen Streich spielte, von dem ich mir Befreiung erhoffte.

Mein Herr ließ sich aus einem nahe liegenden Orte zuweilen zwei Harfenistinnen kommen. Eines Abends spät musste ich die eine wieder nach Hause begleiten. Wir kamen an einen schmutzigen Hohlweg; ich nahm die Dame auf den Rücken, stürzte aber da, wo der Dreck am dicksten war, mit ihr nieder und brachte sie so übel zugerichtet nach Hause. Am anderen Abend erschien sie wieder bei meinem Herrn und verklagte mich, aber ohne Erfolg;

ich wurde erst aus meinem verhassten Dienste erlöst, als wir ein Vierteljahr in Portugal gewesen waren.

6.Kapitel
Die Fahrt nach Portugal

Endlich im Frühjahr 1811 wurden wir in Portsmouth eingeschifft. Etwa 20 Mann kamen jedes Mal in einen Kahn, wurden an das große Schiff gefahren und bestiegen es vermittelst der herabhängenden Strickleiter. Ich war unter den letzten, weil mein Herr erst noch Kaffee, Tee, Rum und Zucker einzukaufen hatte, wobei ich ihn begleitete. Dann bestieg auch ich in der frohesten Hoffnung das Schiff und freute mich, dass das langweilige Leben in England zu Ende war. Indessen habe ich es in meinem Leben nicht wieder so gut gehabt, als während meines etwa anderthalbjährigen Aufenthalts in diesem glücklichen Lande.

Nachdem wir noch eine halbe Woche vor Anker gelegen hatten, segelten wir unter dem lauten Jubel der Mannschaft ab. Wir fuhren einige Tage zwischen England und Frankreich dahin und verloren die Küste von England immer mehr aus dem Gesichte; zuletzt der Kreideberg von Landsend, als wir in die offene See steuerten.

Schon während dieser Zeit wurde unsere Mannschaft größtenteils seekrank. Den Offizieren ging es nicht besser und weil auch die meisten Bedienten darniederlagen, so musste ich mehreren Herren aufwarten, was mir so beschwerlich wurde, mich aber doch stets munter erhielt. So oft es mir irgend möglich war, eilte ich zu meinen Kameraden in den unteren Raum, um sie mit Tee zu erquicken; denn sie lagen da mit bleichen Gesichtern, verstörten Blicks und wünschten zu sterben. Ich hielt mich besser, weil ich stets reine Luft schöpfen konnte; denn selbst des Nachts, wo ich, in meine Decke gewickelt, unter der Treppe schlief, musste ich oft auf das Vordeck, um frisches Wasser zu holen.

Eines Abends saß ich mit einigen Kameraden auf den Bänken am Steuerruder, als sich auf einmal ein großer Fisch von wenigstens 40 Fuß Länge in die Höhe hob, eine Menge Wasser von sich blies und seinen Rachen weit aufsperrte, so dass wir aus Furcht, er möchte uns verschlingen, zurückprallten. Die Matrosen lachten über uns und sagten, dass dieser Fisch uns Sturm bringen würde. Schon am anderen Tage fing die See an, unruhig zu werden; bald wurden die Wellen höher, unser Schiff schwankte sehr und die Matrosen nahmen alle Segel ab, mit Ausnahme des vordersten und des höchsten am Fockmaste.

Der Sturm währte fünf Tage und fünf Nächte, während welcher Zeit wir in beständiger Angst waren. In der einen Nacht hörten wir auf einmal ein fürchterliches Krachen. Die Matrosen erhoben ein Geschrei, die Offiziere stürzten aus ihren Kajüten, auch ich eilte aus Vordeck. Da wir aber nichts Auffallendes bemerkten, der Sturm jedoch so entsetzlich wütete, dass wir uns nicht zu halten vermochten, so eilten wir wieder hinunter. Wir erfuhren bald darauf, dass ein anderes Schiff gegen unseren Bugspriet gefahren sei und dasselbe abgebrochen habe.

Als der Sturm vorbei war, traten ruhige Tage ein, an deren wir uns die Zeit damit vertrieben, Quappen und Möwen zu fangen, welche gebraten sehr gut schmeckten. Bei schönem Wetter legte ich mich stundenlang in den Mastkorb, wo ich das ferne Land sehen konnte; es mochte die Küste von Spanien oder Portugal sein. Eines Tages wurde uns ein Felsen in weiter Ferne gezeigt mit dem Bemerken, dass sei Gibraltar; so weit hatte uns der Sturm nach Süden verschlagen.

In der Nähe von Portugal kam ein portugiesischer Lotse an Bord, ein lustiger Geselle, der unsere Offiziere durch seine munteren Tänze sehr belustigte. Im Hafen von Lissabon erschienen dann eine Menge Kähne mit Apfelsinen und frischem Brot. Für einen Schilling bekam ich mehrere Apfelsinen, die mich sehr erquickten; von dem Brote, das aus türkischem Weizen[7] gebacken war, mochte ich nicht essen.

Als wir am anderen Morgen ausgeschifft waren, kamen die Linientruppen in die Kaserne; unsere beiden leichten Bataillone erhielten Quartier in der Stadt. Jetzt konnten wie uns von den Mühseligkeiten der Seereise erholen. Wir bekamen reichlich Rationen, brauchten nicht zu exerzieren, besahen uns das schöne Lissabon und brachten die Zeit hin mit dem Aufknacken von bitteren Mandeln, die wir uns von den Bäumen abpflückten. Einen prachtvollen Anblick gewährte uns eines Abends ein Kriegsschiff, das im Hafen in Brand geriet und trotz der angewandten Mühe, es zu retten, gänzlich von den Flammen verzehrt wurde.

Unsere angenehme Ruhe wurde uns nur dadurch verbittert, dass eine Prophezeiung, Lissabon werde in diesen Tagen wieder durch ein Erdbeben erschüttert werden, allgemeinen Glauben fand. Auch mussten wir uns vor den Einwohnern hüten, die uns Ketzer nannten und schon mehrere von uns,

---

[7] Als türkischer Weizen wurde im 18./19.Jahrhundert der Mais benannt, der über den Vorderen Orient nach Mitteleuropa gekommen war.

die sich einzeln umhergetrieben, totgeschlagen und ihrer Kleider beraubt hatten.

7.Kapitel
Die Kämpfe bei Badajoz

Eines Morgens hörten wir das Signal unserer Hörner zum Aufbruch und alsbald war unsere Brigade, die beiden leichten Bataillone der königlich deutschen Legion versammelt. Wir rückten aus, machten nur gewöhnliche Tagesmärsche und gelangten in einigen Wochen vor Badajoz.

Tags vorher kamen wir in einen Flecken, Olivenza, wo die Leute, wie das gewöhnlich der Fall war, alle wertvollen Sachen nebst den Esswaren versteckt hatten. Ein Soldat im Felde aber, wenn er auch täglich sein Pfund Brot und Fleisch nach dem Gewichte der Kommissäre geliefert bekommt, hat stets einen bedeutenden Hunger, sucht nach Lebensmitteln, weiß diese zu finden und setzt sich trotz des strengsten Verbotes in ihren Besitz.

Mit einem meiner Kameraden, der die Apothekerkunst erlernt hatte, suchte ich auf einem Boden nach Lebensmitteln und fand in einem Winkel ein Paket mit Spanischen Fliegen. Ich warf sie ärgerlich weg mit der Bemerkung, dass die Leute hier viel Langeweile haben müssten. Mein Kamerad aber ergriff die Tüte und steckte sie bei, ging dann mit mir in die Apotheke des Orts, verkaufte die Fliegen und erhielt 8 spanische Taler dafür, die er mit mir teilte. Wir setzten dann unsere Nachforschungen fort und ich fand in einem Holzschuppen drei Tonnen mit Speck; ich steckte ein Stück zu mir und gab das übrige meinen Kameraden preis. Da wir schon wieder Befehl zum Marschieren hatten, so packten wir unsere Sachen samt dem Speck ein und tranken einige Flaschen Wein für das Fliegengeld. Da hörten wir das Signal zum Aufbruch; um Mitternacht waren wir an einem bestimmten Platze versammelt und marschierten nach Badajoz.

Gegen 08.00 Uhr morgens machten wir eine Stunde Halt. Da bekamen wir die Nachricht, dass eine bedeutende Anzahl Franzosen mit Geschützen in einen nahen Wald gezogen sei. Als wir die Feinde nicht entdecken konnten, marschierten wir weiter und gelangten auf eine Anhöhe, eine Viertelstunde vor Badajoz, wo wir die ganze Stadt übersehen konnten. Wir wurden zum Tiraillieren[8] verteilt, mussten uns niederlegen und Acht geben, was sich in der Stadt ereignete. Bald bemerkten wir, dass die Franzosen, da das Tor verrammelt war, einzeln um einen Pfeiler aus der Stadt kamen und sich dann, wenn

---

[8] Tiraillieren - Ausschwärmen, in aufgelöster Ordnung fechten

24

eine Kolonne versammelt war, sich in den Straßengräben unserem Anblicke zu entziehen suchten.

Als sie sich für stark genug halten mochten, marschierten sie um den Berg herum und griffen uns im Rücken von einem Walde aus an. Wir zogen uns oben auf den Berg zurück, wo der Feind große Doggen auf uns hetzte, die einigen von unseren Leuten die Beine zerrissen. Nichtsdestoweniger drangen wir unter beständigem Feuern in den Wald hinein, wo ich meinen Bruder fand, wegen dem ich während des Kampfes in großer Besorgnis gewesen war. Er hatte sich aber gut zu helfen gewusst und einen der angreifenden Hunde mit einem Arme um den Kopf gefasst und festgedrückt, mit dem anderen ihn abwechselnd tüchtig geprügelt und geschmeichelt, so dass der Hund, den er jetzt an einem Stricke hielt, schnell zahm geworden war und sich an ihn gewöhnt hatte. Wir umarmten uns in herzlicher Freude über unsere Rettung; denn die Franzosen hatten sich inzwischen zurückgezogen. Doch auch mancher der Unsrigen war geblieben.

„Nun wollen wir einmal ordentlich leben, lieber Bruder; ich habe ein Stück Speck!", sagte ich zu ihm.

„Und ich habe zu trinken", erwiderte er.

Unser Hauptmann und ein anderer Offizier, die auch Hunger spürten, teilten unsere Mahlzeit, so dass wir nichts übrig behielten.

Nachdem die Kompanien nachgesehen waren, fand sich, dass wir etwa 50 Mann verloren hatten. Dann, es mochte etwa 05.00 Uhr abends sein, rückten wir aus dem Walde und zogen uns nach Olivenza zurück, wo wir sehr spät in unseren alten Quartieren wieder anlangten.

Unser Wirt nahm uns mit Murren auf und schalt, dass ihm Speck gestohlen worden sei; denn soviel verstand ich schon von der portugiesischen Sprache, wobei mir ein böses Gewissen zu Hilfe kommen mochte. Als ich am anderen Morgen von meinem Strohlager aufgestanden war, ging ich zu meinem Hauptmann, um ihm seine Kleider zu reinigen. Ich klagte ihm, dass der Bauer so böse sei und immer von einem gestohlenen Schweine spräche; er möchte wohl den Speck meinen, den ich ihm aus der Tonne genommen und an dem wir uns gestern nach dem Scharmützel gütlich getan hätten. Mein Hauptmann riet mir, den Bauern zu besänftigen und wenn er sich nicht beruhigen lassen wolle, solle ich ihn herbringen. Mit diesem Troste ging ich nach Haus und fragte meinen Bauern, warum er so böse sei. Er zeigte mir die leere Tonne und fing aufs Neue an zu schelten. Ich sagte ihm, dass ich gestern auch Spanier und Portugiesen im Quartier gehabt hätte; wenn er aber meine, dass wir die Diebe wären, so möchte er uns bei unserem Offiziere verklagen. Die Frau des Mannes nahm mein Anerbieten an und ging mit mir zu unserem

Hauptmanne, der sie eine Zeitlang ruhig anhörte. Als aber darauf die Frau anfing zu schelten, die deutschen Jäger wären Räuber, griff mein Hauptmann nach seinem an der Wand hängenden Säbel, worauf die Frau aus dem Zimmer stürzte. Meine Wirtsleute waren nun beruhigt; wir blieben noch einige Tage bei ihnen, hüteten uns aber, nach Speck oder auch Schinken zu suchen.

Wir zogen dann in Richtung von Badajoz weiter. Etwa eine Stunde von dieser Stadt machten unsere beiden Bataillone Halt und legten sich ins Lager. Wir hörten hier häufig das Geschrei der stürmenden Linienbataillone, die vor der Festung lagen und hofften, dass die Reihe auch an uns kommen werde.

Eines Mittags brachen wir auf, in der Meinung, es ginge gegen Badajoz; wir zogen aber an der Stadt vorbei in der Richtung nach Elvas. Auf diesem Wege kamen wir an den Guadiana. Wir wateten hindurch, wobei uns das Wasser bis unter die Arme ging, durften aber doch, obgleich wir vor Durst beinahe verschmachteten, nicht trinken. Dann ging es allmählich bergan, wobei die Hitze so drückend wurde, dass uns zwei Mann erstickten.

Am Nachmittage bezog sich der Himmel; es wurde ganz dunkel, wie bei der Nacht. Wir sahen den Blitz und hörten den Donner rollen, aber es regnete noch nicht. So gelangten wir in ein Holz, machten schnell unsere Decken los, legten drei bis vier aufeinander und krochen darunter. Da fielen Tropfen, so groß wie Taubeneier; bald goss der Regen in Strömen herab und ein Donnern und Blitzen begann, dass wir meinten, die Bäume wären über uns zusammengestürzt und der Wald stände in hellen Flammen. Nach einer halben Stunde nahm das Gewitter ab; es wurde wieder hell und wir krochen ganz durchnässt unter unseren Decken hervor.

Mein Korporal Weißleder, der mit mir unter einer Decke gelegen hatte, schalt, dass ihm einer während des Gewitters einen bösen Streich gespielt und ihm die Gamaschenknöpfe abgeschnitten habe. Ich betrachtete darauf seine Gamaschen und fand, dass ihm fünf Knöpfe abgeschmolzen waren. Es musste also auch wohl zu uns ein Blitzstrahl gekommen sein, denn ganz in unserer Nähe war ein Posten vom Blitz erschlagen worden.

Nach einigen Tagen brachen wir von hier weiter in der Richtung nach Elvas auf und legten uns etwa eine Stunde von der Festung in einem Walde ins Lager, wo wir die Linientruppen der englisch-deutschen Legion fanden. Das war für mich eine große Freude, weil ich Landsleute unter ihnen traf, die ich in langer Zeit nicht gesehen hatte. Mit einem dieser Freunde, Heinrich Reichert aus Hameln, einem Musikus vom 2.Linien-Bataillon, der die dicke Trommel schlug, ging ich, nachdem wir uns Urlaub genommen hatten, eines Morgens früh nach Elvas hinein. Zur Seite der Stadt, auf einem hohen Berge, sah ich die niedrigen Mauern des Kastells, welches man den Schlüssel von Portugal nannte. Rings um den Berg lagen große eiserne Walzen, mit eisernen Ketten befestigt, womit bei einem Sturme die andringenden Feinde zerschmettern könnte. Die Stadt selbst ist mit schönen Türmen verziert und mit vielen Schanzen umgeben. Wir traten durch das enge Tor hinein, kauften uns Salz, wofür ein Soldat im Felde vorzüglich zu sorgen hat und außerdem Tabak und Zwieback. Das Brot in den Bäckerläden sah aus wie Honigkuchen und war sehr billig. Wir kauften uns eins und fingen sogleich zu essen an; aber das Brot, aus türkischem Weizen gebacken, schmeckte wie Grand und Sägespäne, so dass wir es wieder wegwarfen. Der Bäcker lachte uns aus, nahm das Brot wieder auf und trug es ins Haus. Auf dem Markte kauften wir uns schöne Apfelsinen, die uns sehr erquickten und von denen wir uns jeder wohl zehn Stück in den Brotbeutel steckten. Dann tranken wir noch einmal in einem Weinhause und machten uns auf den Heimweg.

Unterwegs aber trafen wir einige Engländer von der Besatzung, die uns fast mit Gewalt ins Weinhaus zurückzogen, wo wir ihnen deutsche Lieder vorsingen mussten, was die Engländer sehr gern hörten, da sie nur sehr schlecht oder gar nicht singen konnten. Beim Singen wurde dann fleißig getrunken, bis wir keinen Wein mehr mochten, worauf sie Zucker hineintaten und uns fortwährend zum Trinken und Singen nötigten. Als wir merkten, dass wir schon einen über das Maß getrunken hatten, brachen wir endlich auf, trotz der Bemühungen der Engländer, die uns mit den freundlichsten Worten zurückzuhalten suchten und sehr glücklich darüber schienen, uns freihalten und singen hören zu können.

Auf dem Hausflure standen portugiesische Soldaten, mit denen mein Kamerad sogleich Händel bekam. Ich trat hinzu und wollte ihn aus dem Hause ziehen; als aber einer der Portugiesen von hinten nach meinem Hirschfänger griff, da fasste ich zu, zog blank und schlug sogleich, anfangs flach, blind auf die Portugiesen los. Mein Kamerad folgte meinem Beispiele und wir suchten beide mit dem Rücken die Haustüre zu gewinnen. Obgleich die Portugiesen mit ihren Bajonetten auf uns eindrangen, so fielen unsere Hiebe doch so dicht und fest, dass sie alle, etwa 15 Mann, in ein großes Zimmer flüchteten, wo sie sich mit Bänken und Stühlen verschanzten, um vor unserer Verfolgung sicher zu sein. Wir nahmen dann eiligst unseren Rückzug nach der Straße, wo uns etwa 20 weitere Portugiesen mit ihren Bajonetten empfingen. Wir ermunterten uns gegenseitig und hieben scharf ein; da wichen sie zurück. Wir gewannen die freie Straße und trafen vier Engländer, die uns sogleich beistanden; denn Engländer und Deutsche hielten stets gegen Spanier und Portugiesen zusammen.

Jetzt verfolgte man uns nicht weiter und wir eilten zum Tore, fanden es aber verschlossen vor. Als wir überlegten, wie wir hinauskommen könnten und ich mit einem Steine, den ich hinunterfallen ließ, die Tiefe des Grabens probierte, hörten wir eine Kutsche hinter uns rollen. Wir drängten uns dicht an das Tor und als der Unteroffizier öffnete, gelangten wir sogleich mit den Pferden ins Freie. Mit leichtem Herzen atmeten wir wieder freie Luft und liefen ins unser Lager zurück. Wir meldeten uns sogleich bei dem Korporale, kamen aber schon zu spät; denn wir waren bereits gemeldet und mussten in Arrest. Bei der Brandwache vertrieben wir uns die Zeit damit, dass wir unseren Kameraden unser Abenteuer in Elvas erzählten; denn die Angst vor dem Nachfragen aus der Festung ließ uns nicht schlafen.

Am anderen Morgen wurde ich vor den Kapitän geführt. Ich suchte meine Verspätung zu entschuldigen, erzählte ihm aber nicht mein Abenteuer. Ich erhielt nun den Bescheid, dass ich sobald keinen Urlaub mehr bekommen würde.

Nach einigen Tagen marschierten wir wieder vor Badajoz, wo wir mehrere Wochen fast untätig lagen; denn wir wurden nicht zum Stürmen gebraucht. Nur ab und zu mussten wir eines Nachts unter dem Gewehr stehen, während die Engländer die Festung stürmten; aber immer vergeblich. Den anderen Tag sahen wir an manchen Stellen unter der Mauer Haufen von Toten, welche die Engländer daselbst hatten liegen lassen.

8.Kapitel
Die Schlacht bei Albuera am 16.Mai 1811

Eines Morgens erhielten wir den Befehl zum Aufbruch. Unsere beiden leichten Bataillone marschierten gegen Mittag ab und kamen abends 10.00 Uhr auf eine großen Heide bei Albuera. Wir legten uns mit gepackten Tornister, die Büchse im Arm, nieder. Gegen Morgen hörten wir viele Geräusche und als es Tag war, sahen wir uns auf dem linken Flügel eines großen Heeres von Engländern, Spaniern und Portugiesen stehen.

Neben dem Dorfe, das vor uns lag, stand ein 25 Fuß hoher Turm, wo wir einen Vorposten hatten. Ich schlich mich zu dem Dorfe, um Lebensmittel zu suchen und bemerkte meinen Bruder oben auf dem Turme Posten stehen. Er forderte mich auf, ihm Wein mitzubringen. In einem Hause des Dorfes fand ich einen Greis, der nicht fort wollte und sich beklagte, dass seine Frau alle Lebensmittel mit sich genommen habe. Andere Häuser waren ganz leer; nur in einem Stalle fand ich noch ein Schaf, das ich mitnahm. Als ich wieder in die Nähe des Turmes kam, rief mir mein Bruder zu, ich solle schnell das Schaf töten, zu meiner Kompanie eilen und dort verkünden, dass der Feind anrücke. Ich schnitt sogleich dem Schafe die Gurgel durch und ließ es am Turme liegen, damit es mein Bruder abziehen könne. Dann verkündete ich unserem Kommandanten die Nähe des Feindes und eilte mit dem Adjutanten zum Turme zurück. Der Adjutant beobachtete von oben herab den Feind, kam aber schnell mit meinem Bruder wieder herunter und befahl uns, zu unserer Kompanie zu eilen und von dem Schafe nichts mitzunehmen, weil der Feind schon da wäre. Nichtsdestoweniger schnitt ich mir noch eine Keule ab und eilte zurück. Aber kaum hatte ich sie an meinen Tornister gebunden, als unsere Kompanie schon zum Tiraillieren vorrückte.

Wir drangen durch das Dorf vor und besetzten jenseits desselben ein mit acht bis neun Fuß hohen Disteln bewachsenes Feld, in welchem wir fast unbemerkt bis an einen kleinen Fluss vorrückten. Auf der anderen Seite desselben waren feindliche Tirailleure, die fortwährend auf uns Feuer gaben; hinter ihnen standen Linientruppen und Kavallerie. Auch wir schossen unaufhörlich; dennoch drangen die Feinde mehrere Male über den Fluss, worauf wir sie mit gefälltem Bajonett wieder zurücktrieben. Bald hörten wir rechts von uns auf der ganzen Linien ein starkes Feuern und merkten, dass die Schlacht im Gange war.

So mochten wir uns etwa anderthalb Stunden geschlagen haben, wobei wir viele Leute, die Feinde aber noch mehr, verloren hatten, als wir uns zurückziehen mussten, weil die hinter uns aufgestellten Portugiesen unsere Stellung einnehmen sollten. Hierbei kamen wir zwischen zwei Feuer; denn auch die Portugiesen, welche uns für Franzosen halten mochten, schossen auf uns, bis unser Oberst Halkett[9] auf die Portugiesen losjagte und dem Kommandeur derselben mit dem Säbel drohte. Bei dieser Gelegenheit riss

---

[9] Colin Halkett (*1774 - +1856). Er begann seine Militärkarriere in der niederländischen Garde und diente während dreier Jahre dort in verschiedenen Kompanien. 1795 verließ er die Garden an Captain um von 1800 bis 1801 Kommandeur der niederländischen Truppen auf der Insel Guernsey zu werden. Im August 1803 wurde er zum Major befördert und trat in die Königlich-Deutsche Legion (KGL) ein, wo er am 17.November 1803 zum Lieutenant Colonel ernannt wurde und das Kommando über das 2.leichte Linien-Bataillon erhielt. Er nahm 1808 am Feldzug im Baltikum, 1809 an der Expedition an die Scheldemündung und in den Jahren 1808, 1809, 1811, 1812 und 1813 an den Kämpfen auf der Iberischen Halbinsel teil. 1811 wurde ihm das Kommando über die Leichte Brigade der KGL übertragen. Seine Beförderung zum Colonel erhielt er am 22.Juli 1812. Nachdem er während der Schlacht bei Salamanca die 1.Brigade der 7.Division befehligt hatte, erhielt er seine Ernennung zum Major-General am 04.Juni 1814. Während der Schlacht bei Waterloo kommandierte er am 18.Juni 1815 die 5.Brigade der 3.Division und wurde vier Mal verwundet.

mir eine Kugel das Stück Schafsfleisch weg, das ich mir vor einigen Stunden auf den Tornister gebunden hatte und eine andere durchbohrte meine Kantine[10].

Wir zogen uns jetzt durch die Reihen der Portugiesen und stellten uns hinter dem Dorfe auf. Aber sogleich erhielten wir Befehl, unsere frühere Stellung wieder einzunehmen, weil die Portugiesen vor den Franzosen gewichen wären. Wir steckten die Hirschfänger auf die Büchsen und mit einem „Hurra" ging es in das mittlerweile schon von den Franzosen besetzte Dorf. Diese schossen anfangs auf uns, wichen aber zurück und zwar in solcher Eile, dass ich allein etwa zehn Franzosen aus den Trümmern eines Hauses jagte und nur noch den letzten, als er eben über eine Mauer springen wollte, mit meinem Hirschfänger erreichen konnte, den ich ihm durch den Leib rannte. Die Franzosen wichen über den Fluss zurück und wir nahmen unsere alte Stellung wieder ein.

Der Kampf dauerte bis zum Abend fort. Die Franzosen führten uns immer neue Kolonnen entgegen, von denen aber keine uns zu verdrängen imstande war, obgleich das Distelfeld so zerschossen war, dass es uns nicht mehr zu decken vermochte. Gegen Abend riefen die Feinde - es waren Elsässer, und sie redeten Deutsch - zu uns herüber, dass es für heute wohl genug gewesen wäre; sie wollten zu Feuern aufhören, wie möchten das doch auch tun. So ward es auf unserem Flügel ruhig; aber der Regen, der den ganzen Tag nicht aufgehört hatte, goss noch immer in Strömen herab. Im Zentrum, rechts von uns, hörten wir noch immer ein starkes Feuern und Hurrageschrei. Als wir darauf die Wachtfeuer der Franzosen in einer Entfernung von einer halben Stunde bemerkten, zogen wir uns nach dem Lagerplatz der vorigen Nacht zurück.

Ich musste links von dem Dorfe in einem Grunde auf Feldwache bleiben. Ich fand hier einen weichen Platz und legte mich nieder; aber Kälte und Sturm, dazu ein abscheulicher Gestank in meiner Nähe, ließen mich die ganze Nacht nicht schlafen. Deshalb schlich ich mich heimlich fort ins Dorf, um Lebensmittel zu suchen. Hier hörte ich auf einmal ein leises Wimmern. Ich ging darauf zu und erkannte einen Offizier von unserem Bataillon, Hauptmann Heise[11], der, das Gesicht voll Blut, mich mit matter Stimme bat, ihn

---

[10] Kantine - englische Feldflasche

[11] Georg Arnold Heise. Er trat zwischen dem 13. und 17.November 1803 in die Dienste der Königlich-Deutschen Legion und nahm 1805 an der Expedition nach Hannover, in den Jahren 1807 und 1808 am Feldzug im Baltikum und zwischen 1809 und 1811 an den Kämpfen auf der Iberischen Halbinsel teil. Wie beschrieben wurde er als Captain des 2.leichten Linien-Bataillons am 16.Mai 1811 während der Schlacht bei Albuera so schwer verwundet, dass er am 10.Juni 1811 in Elvas seinen Verletzungen erlag.

totzuschießen. Ich schauderte vor solchem Elend und tröstete den Mann, den ich lieb hatte, da er ein rechter Freund der Soldaten war, mit liebreichen Worten, er möge sich gedulden, es werde bald besser mit ihm werden. Dann legte ich ihm etwas Heu unter den Kopf, eilte zu meiner Feldwache zurück und legte mich wieder nieder.

Am anderen Morgen bemerkte ich dann, dass mein weiches Lager ein mit wenig Erde bedeckter Leichnam gewesen war, dessen Füße noch aus der Erde hervorstanden.

Nachdem wir am Mittag von der Feldwache abgelöst worden waren, besuchten wir das Schlachtfeld. Es lagen da noch eine Menge Verwundeter von den Unsrigen und den Feinden, Infanterie und Kavallerie, Gemeine und Offiziere, zwischen einer Menge von Toten. Der Tag war sehr heiß; die Unglücklichen jammerten nach einem Trunk Wasser und wir holten ihnen diesen aus dem benachbarten Flusse und linderten ihnen die Qualen des Todeskampfes, da wir den Wunsch der meisten, sie totzuschießen, nicht erfüllen konnten. Dicht neben einer Mauer war auch der Hauptmann Heise, mit einem Schusse durch den Kopf, bereits verschieden. Ich dankte Gott in meinem Herzen, dass ich glücklich davon gekommen war; denn auch mir war der Tod viermal recht nahe gewesen. Außer den beiden vorher erwähnten Kugeln hatte ich noch einen Schuss durch den Tschako und einen anderen durch den Rockschoß bekommen.

Gegen Abend verließ ich das Schlachtfeld. Das Gewimmer wurde schwächer, die meisten Verwundeten waren schon verstummt und diese zweite, recht kalte Nacht mag wohl alle von ihren entsetzlichen Qualen befreit haben. Wir schliefen im Lager unter freiem Himmel, während uns Hunger und Kälte plagten; denn schon seit zwei Tagen war nichts geliefert worden. Die Polen in unserem Bataillon hatten sich bereits Stücke Fleisch von den verreckten Pferden abgeschnitten und aßen es roh, eine uns übrigen ekelhafte Speise, die ich vor Abscheu nie habe essen können, obgleich ich sonst kein Kostverächter bin.

Erst gegen Ende des nächsten Tages kam die lang ersehnte Erquickung, nachdem wir drei Tage fast ohne Essen und Trinken, zum Teil in heißer Arbeit, verlebt hatten.

Am anderen Morgen setzten wir über den Fluss, gelangten zu der von den Franzosen verlassenen Lagerstätte, fanden aber in dem Walde nichts, als eine Menge verwundeter und toter Franzosen. Wir machten Feuer an, hatten aber keine Lebensmittel. Deshalb ging ich mit einem Kameraden weiter in den Wald, um junge Vögel aus den Nestern zu nehmen, fand aber keine.

Doch wurden wir auf eine andere Weise reichlich entschädigt. Auf einem freien Platze im Walde weideten nämlich zwei Esel, ein alter und ein junger. Wir machten sogleich Jagd auf die Tiere, und es gelang uns, den jungen Esel in ein Gebüsch festzujagen; denn schießen durften wir nicht. Wir schlachteten ihn sogleich, nahmen das Fleisch und kehrten ins Lager zurück, wo unsere Ankunft große Freude bewirkte, Wir brieten das Fleisch und im Nu war es verzehrt; denn es fanden sich viele gute Freunde ein, denen das Eselfleisch vortrefflich schmeckte.

Nachdem wir etwa acht Tage lang den Feind verfolgt hatten, zogen wir denselben Weg zurück und gelangten nun wieder in die Nähe des Schlachtfeldes von Albuera. Schon auf zwei Stunden Weges kam uns ein ganz entsetzlicher und unbeschreiblicher Gestank entgegen. Man hatte die Toten verbrannt und davon war die Luft so verpestet, dass wir nicht essen mochten; dazu war das Wasser aus dem Flusse wegen seines widerlichen Geruches, den es von den Leichen angenommen hatte, die darin lagen, ungenießbar.

Wir brachen deshalb nach einigen Tagen schon wieder auf, marschierten kreuz und quer, oft bis in die tiefe Nacht und waren schon vor Tagesanbruch wieder auf den Beinen. Wir würden alle die Anstrengungen gerne ertragen haben, wenn wir nicht immer mit dem Hunger zu kämpfen gehabt hätten; denn unsere Rationen waren so klein, dass wir oft an einem Tage verzehrt hatte, was uns für drei Tage geliefert worden war. Wir suchten uns zu helfen, so gut wir konnten, brieten das geronnene Ochsenblut mit etwas Baumöl, das uns die Bauern gern oder ungern gaben und rösteten die Pansen der für unser Bataillon gelieferten Ochsen, ein Gericht, um das wir uns oft blutig schlugen.

9.Kapitel
Kämpfe und Abenteuer in Spanien während der zweiten Hälfte des Jahres 1811

Eines Abends, als es dunkel wurde, erhielten wir den Befehl zum Aufbruch. Wir marschierten die ganze Nacht hindurch in der größten Stille. Gegen Morgen, als es noch ganz dunkel war, kam die Generalität, welche dicht vor uns war, auf uns angesprengt. Ich marschierte auf dem linken Flügel und sprang mit meinem Hintermanne, als wir dicht neben uns das Pferdegetrappel hörten, zur Seite; denn sehen konnten wir fast nichts. Das Pferd drängte sich rückwärts durch die Öffnung, bäumte sich auf und drückt den hinter uns marschierenden Korporal zu Boden und trat ihn augenblicklich zu Tode.

In demselben Augenblicke fielen einige Schüsse und 24 Mann von unserer Kompanie, darunter auch ich, wurden zu den Kanonen kommandiert, von denen zwei an unserer rechten und zwei an der linken Seite standen. Unserer zwölf stellten wir uns etwa acht Schritte voraus zur Seite der zwei Kanonen des linken Flügels auf. Wir erhielten sogleich Befehl, uns niederzulegen und nun donnerten die Kanonen über uns hinweg. Dann ging es vorwärts. Wir rückten durch ein Gehölz, in welchem wir einige Karabiner, einen Sattel und einige Säbel bei einem erlöschenden Wachtfeuer fanden, die Reste von einem etwa 20 Mann starken Reiterpikett[12].

Als wir aus dem Holze traten, sahen wir vor uns ein großes Kloster, aus dessen Fenster weiße Tücher wehten. Wir zogen daran vorbei; denn wir hörten rechts und links von uns ein heftiges Kanonenschießen. Wir rückten nun gegen eine nicht weit hinter dem Kloster liegende Stadt vor, aus welcher wir aber mit Kanonenschüssen begrüßt wurden. Da bekamen wir Befehl, zu unserem Bataillon zu stoßen und wir marschierten dann mit demselben links um die Stadt, während ein englisches Regiment sich rechts herum zog. Obgleich wir jetzt so schnell liefen, dass manche von unseren Leuten liegen blieben, so konnten wir doch die Franzosen, die sich auf der hinteren Seite in großer Menge aus der Stadt gegen das Gebirge zogen, nicht einholen, sondern kehrten, nachdem wir sie einige Stunden weit vergeblich verfolgt hatten, nun in die Stadt zurück und bekamen jeder zwei Rationen Wein und eine Ration Brot, woran wir uns sehr erquickten.

Gegen Mittag rückten wir wieder aus der Stadt und zogen an dem Kloster vorbei, wo unsere Offiziere von den Nonnen, die neugierig vor dem Kloster standen, zu Bleiben eingeladen wurden. Wir indessen, noch lustig von den empfangenen Rationen, stimmten fröhliche Lieder an, die Musik spielte muntere Märsche und so kamen wir mit Einbruch der Nacht bei dem früheren Lager an, wo wir unsere früheren Plätze wieder einnahmen.

Am anderen Tage wurden die Lebensmittel, die wir in Llerena, das war der Name des Ortes, erbeutet hatten, verteilt. Aber bald plagte uns doch wieder der Hunger. Wir versuchten freilich einmal, ein Kraut zu kochen, das in der dortigen Gegend viel wuchs, wurden aber krank davon und so blieb es bei unseren kärglichen Rationen.

Als wir späterhin einige Tagesmärsche weitergezogen waren, bemerkten wir gegen Abend eine große Schafherde. Der Appell war schon geblasen und alles hatte sich zur Ruhe gelegt; mich aber nebst fünf meiner Kameraden trieb die Lust nach einigen Schafen fort. Wohlbewaffnet, damit wir einer Profoswache, wenn uns etwa eine solche in den Weg käme, gewachsen wären, schli-

---

12 Reiterpikett - (veraltet) Feldwache der Kavallerie

chen wir uns aus dem Lager. Unsere Posten, die recht gut wussten, was wir beabsichtigten, sahen uns nicht und nachdem wir wohl eine gute Stunde in der Dunkelheit zurückgelegt hatten, rochen wir zu unserer Freude die Schafherde in der Nähe.

Sogleich schlug der Hund an. Wir hörten den Schäfer mit einem großen Wolfshunde, den er am Stricke hatte, näher kommen. Ich redete ihn an und befahl ihm, seinen Hund festzuhalten. Er fragte nach unserem Begehr. Ich erwiderte: „Nichts, als einige Schafe!"

Er rief einen anderen Schäfer herbei, der auch einen großen Wolfshund mit sich brachte. Ich empfahl meinen Kameraden Vorsicht; wir zogen die Hähne unserer Büchsen auf und sagten den Schäfern, dass wir sie samt ihren Hunden totschießen würden, wenn sie dieselben losließen. Als einer der Schäfer anfing zu schelten, umringten wir sie und einer meiner Kameraden stach einer ihrer Hunde mit seinem Hirschfänger durch den Hals und spießte ihn an die Erde. Jetzt baten die Schäfer um ihr Leben und sagten, sie wollten uns geben, was wir verlangten. Einer der Bauern musste uns vier fette Tiere aussuchen und binden. Wir boten Geld dafür an, aber der Schäfer wollte es nicht und so zogen wir mit unserer Beute ab. Unterwegs schlachteten wir die Schafe, zogen ihnen die Haut ab, schnitten sie in Stücke und kehrten fröhlichen Mutes mit gefüllten Brotbeuteln ins Lager zurück.

Der Posten empfing uns aber sogleich mit der Nachricht, dass Bauern im Lager wären und dass Durchsuchungen abgehalten werden sollten. Wir vergruben schnell unser Fleisch in die Erde und machten eiligst unsere Schuhe trocken, die noch von dem eben durchwateten Bache nass waren und an denen man hätte erkennen können, dass wir außerhalb des Lagers gewesen waren. Wir hatten uns kaum niedergelegt, als angetreten werden musste. Da aber niemand fehlte und die Schafe sich auch nirgends fanden, so wurden die Bauern mit Scheltworten fortgejagt.

Besonders beschwerlich wurden uns in dieser Zeit die nächtlichen Märsche. Einst marschierten wir in einer stockfinsteren Nacht vom Abend bis zum Tagesanbruch und legten doch nur anderthalb Stunden zurück, weil wir bald vorwärts, bald rückwärts zogen und oft Halt machten. Weil ich nun die vorige Nacht auch nicht geschlafen hatte und weil mehrere von meinen Kameraden schon in tiefe Gräben gefallen waren und sich verletzt hatten oder sich an den Gewehrkolben ihrer Vordermänner das Gesicht zerstoßen hatten, so ging ich um Mitternacht unbemerkt an unserer ganzen Kolonne entlang und legte mich an der Stelle der vordersten Glieder unseres 1.Bataillons zum Schlafen nieder. Ich mochte wohl einige Stunden geschlafen haben, da erwachte ich vor Frost. Es war noch Nacht, aber mein Bataillon war noch nicht bei mir angekommen. Ich zog mich wieder zu demselben zurück; meine Abwesenheit war indessen nicht bemerkt worden.

Einige Tage danach hatten wir von 10.00 Uhr morgens bis zum frühen Abend gegen den Feind tiralliert und ihn siegreich zurückgedrängt. Als wir in einem Dorfe Halt gemacht hatten, ging ich mit einem meiner Kameraden hinaus und nicht lange darauf traten wir, unsere Brotbeutel mit Kartoffeln gefüllt, den Heimweg an. Dicht vor dem Dorfe traf uns unser Kommandeur Halkett und fragte, was wir getan hätten.

„Wir haben Wasser geholt", war unsere Antwort.

„Holt man denn Wasser im Brotbeutel?", erwiderte er und befahl uns, dieselben zu öffnen.

Als er die Kartoffeln sah, befahl er uns, ihm zu folgen, obgleich wir versicherten, sie für gutes Geld gekauft zu haben. Ganz in der Nähe des Dorfes flüsterte ich meinem Kameraden zu, dass dies ein schlimmer Handel werden könnte, und als wir dicht an eine Hecke kamen, sagte ich: „Ich kneife aus".

„Ich auch", sagte er.

Wir jagten die Hecke entlang, durch einige Gärten dem Dorfe zu, in unser Quartier. Gleich darauf wurde zum Ausrücken geblasen. Wir jagten schnell mit unseren Waffen heraus. Das Bataillon musste aufmarschieren und unser Oberst Halkett sah alle Reihen durch, um die Entwischten wieder aufzufinden. Mir klopfte das Herz, als er in meine Nähe kam. Ich hatte mir aber den Tschako tief ins Gesicht gedrückt und nahm eine barbarische Miene an, wobei mir der eben gemalte Schnurrbart gute Hilfe leisten mochte. Er fand die Übeltäter nicht, schalt im allgemeinen und trug den Offizieren und Unteroffizieren auf, die Kartoffeldiebe ausfindig zu machen.

Als aber der Sturm vorbei war, ließen wir uns des Abends unsere Kartoffeln gut schmecken, die auch von den Unteroffizieren nicht verschmäht wurden, obgleich sie ohne Zweifel merken mochten, dass dies die Kartoffeln waren, auf die sie Acht geben sollten. Die folgenden Tage ging es uns aber dafür etwas knapp, weil wir nicht wagten, auf Beute auszugehen, da wir soeben erst mit dem Schrecken davongekommen waren.

In dieser Zeit wurde mein Bruder krank und kam ins Lazarett. Ich bat meinen Sergeanten um Erlaubnis, die Nacht bei ihm zu bleiben. Am Abend wurde er dann so krank, dass die Ärzte ihn aufgaben. Ich war darüber sehr betrübt. Auf den Rat eines dort ebenfalls liegenden Polen ging ich in den Keller, der sich zu unseren Füßen befand und holte Wein herauf. Da mein Bruder sehr über Durst klagte und ich ihn doch für verloren hielt, so gab ich ihm von dem starken Wein so viel, wie er trinken mochte. Er bekam davon einen heißen, roten Kopf; am anderen Morgen aber befand er sich besser. Auch meinen Kameraden verschaffte ich Wein aus dem Keller, wo große Fässer lagen. Doch nach zwei Nächten zogen wir zu meinem großen Leidwesen wieder weiter.

Einige Tage später mochte es sein, als ich nebst dem Sergeanten Schmidt und zehn Mann in ein Haus einquartiert wurde, vor welchem sich ein tiefer Graben mit einem schmalen Stege befand. Des Abends, als es schon dunkel geworden war, ging ich aus dem Hause und über den Steg. Auf einmal hörte ich ein lautes Schelten und sah, wie der Bauer meinen Sergeanten von hinten umfasst hatte und ihn in den Graben stürzen wollte. Da packte ich den Bauern an der Gurgel, drückte ihn fest gegen die Wand und brachte ihn mit Hilfe des Sergeanten ins Haus. Hier fragten wir ihn, warum er den Sergeanten angefasst hätte und prügelten ihn so lange, bis er gestand, dass er den Sergeanten hätte totmachen wollen, um sich in den Besitz der zinnernen Knöpfe seiner Uniform zu setzen, die er für silberne hielt.
Sogleich wurde der Bauer in die Wache gebracht und musste einige Tage mit uns marschieren. Dann erhielt er, nachdem er vor der Kompanie ausgepeitscht worden war, die Freiheit wieder.

Ein andermal lagen wir bei einem Bauern im Quartier und baten ihn um Wein, weil wir wussten, dass er den ganzen Keller voll liegen hatte. Da er uns aber keinen geben wollte, so ließen wir auf meinen Rat für unser Geld Wein holen, tranken dem Bauern zu und machten ihn trunken. Jetzt forderten wir ihn von Neuem auf, uns Wein zu geben und als er sich noch weiter weigerte, prügelten wir ihn, wobei ein jeder half, damit er nicht sagen konnte, einer habe es allein getan. Darauf ging der Bauer aus dem Hause, um uns bei dem Kommandeur zu verklagen. Wir gingen aber mit ihm und brachten ihn zu dem Adjutanten Riefkugel[13], an den wir uns am liebsten bei solchen Angelegenheiten wandten. Hier verklagte uns der Bauer, dass wir ihn misshandelt hätten. Wir aber sagten, er habe uns mit Wein getrunken, solange wir welchen gehabt hätten und sein ganzes Aussehen zeige, dass er nicht wenig getrunken hatte; als er sich darauf geweigert hätte, uns seinerseits Wein vorzu-

---

13 Bernhard Riefkugel. Er trat früh in die Königlich-Deutsche Legion ein, wo er 1807 den Feldzug im Baltikum und in den Jahren 1808 bis 1813 die Kämpfe auf der Iberischen Halbinsel, 1813/1814 den Feldzug in den Niederlanden und 1815 die Schlacht bei Waterloo und die weiteren Gefechte mitmachte. Vom 25.November bis 30.Dezember 1809 diente er als Unteroffiziersdienstgrad und wurde dann zum Lieutenant befördert. Während der Kämpfe bei Urogne wurde er am 10.November 1813 leicht, während der Schlacht bei Waterloo am 18.Juni 1815 schwer verwundet. Er diente später als Captain der Hannoverschen Rifle Guards.

setzen, habe er einige von uns bekommen. Wir verlangten jetzt bloß soviel Wein von ihm zurück, als er uns ausgetrunken hatte, da wir ihn kaufen mussten, während er den ganzen Keller voll liegen habe.

Da schalt der Adjutant mit dem Bauern, befahl ihm, unser gerechtes Verlangen zu erfüllen und jagte ihn fort. Als wir nun nach Hause kamen, holte uns der Bauer, der jetzt eines Besseren belehrt zu sein schien, reichlich Wein und wir tranken fort. Allmählich geriet unser Bauer in einen solchen Zustand, dass er nicht mehr recht wusste, was um ihn her vorging. Da holten wir ihm einige Hühner weg, brieten sie schnell in einem anderen Quartier und verzehrten sie dann in seinem Hause, wobei der Bauer es sich trefflich schmecken ließ, ohne zu ahnen, dass er seine eigenen Hühner verzehren half.

Am folgenden Morgen war der Bauer so freundlich, dass er uns Wein verkaufte, zuerst für Geld, dann aber auf Rechnung, weil wir erst, wie wir ihm sagten, bei unserem Abmarsche unseren Sold ausbezahlt erhielten. Jeder von uns machte sich jetzt zwei Kerbstöcke, von denen der Bauer je einen erhielt; auf diese wurden fleißig Kerben eingeschnitten. Unser Mann freute sich, dass auf seinen Stöcken der Schnitte immer mehr wurden und wir hatten vollauf zu trinken und also gute Tage.

Als aber nach einiger Zeit zum Ausrücken geblasen wurde, hatten wir kein Geld und auch unsere Kerbstöcke waren verschwunden. Der Bauer lief uns mit den Seinigen bis zum Sammelplatz nach. Hier stand er in ehrerbietiger Ferne und wandte sich dann an den Oberstleutnant Halkett, zeigte ihm seine Kerbstöcke und klagte ihm seine Not, wobei wir häufig das Wort: „Krab, krab!", hörten.

Unser Oberst indes schien keine Lust zu haben, sich stören zu lassen und sagte zu dem Bauern: „Ei was, krab, krab! Scher Dich von der Front weg!"

Mit betrübtem Gesicht schlich sich der Bauer, seine teuren Hölzer in der Hand haltend, davon; er wird wohl später nie wieder einem Soldaten auf einen Kerbstock geborgt haben.

Bald nach dieser Zeit bezogen wir Winterquartiere in einigen Dörfern, wo wir dann mehrere Monate blieben. So oft es gehen wollte, holten wir uns Ziegen aus dem Gebirge, die dort wie wild herumliefen und sehr schwer zu fangen waren. Da wir nicht schießen durften, so trieben wir die Tiere in die Enge, warfen ihnen mit Knüppeln die Beine ab und trugen sie heim. Sonst mussten wir uns bescheiden; denn es war eine arme Gegend und wir hatten nichts, als unsere täglichen Rationen.

Als das Regenwetter nachgelassen hatte, brachen wir wieder auf. Wir trafen fast täglich mit dem Feinde zusammen, kamen aber selten ins Feuer; häufig hörten wir dafür in der Ferne heftiges Schießen. Die französischen Plänkler ließen sich nicht gerne mit uns ein, weil wir in großer Ferne noch trafen, die französischen Kugeln aber meist vor uns in den Boden schlugen. Die Büchsen des Feindes waren schlecht und ihr Pulver sehr grob; außerdem verstanden wir die Kunst, im Liegen zu laden und zu schießen. Unsere Gegner kannten uns recht gut; denn sie schalten uns, wenn wir ihnen nahe genug waren, „*voleurs*"[14] und „*cochons Hanovrien*"[15]. Wir schalten weniger, riefen wohl einen „Hundsfott" hinüber und brannten ihnen auf den Pelz.

In dieser Zeit, wo bei uns die Kost recht schmal war, desertierten häufig Leute von uns zu den Franzosen, was sich leicht tun ließ, da man mit einigen Schritten beim Feinde sein konnte. Um dieses zu verhüten, mussten wir oft des Nachts auf geheimen Posten stehen, was aber wenig half, weil die Ausreißer, immer 5 bis 10 Mann stark, diese Posten überwältigten und oft sogar töteten.

Von unserem Bataillon desertierten außer zehn Hornisten nur einige Polen. Einer von diesen wurde wieder erwischt und sollte, da zum Erschießen keine Zeit war, aufgehängt werden. Der Profos, der zu dieser Exekution verpflichtet war, scheute sich davor und erkaufte sich für 5 Taler die Dienste eines unseren Sappeure, mit Namen Stuckenschmidt, der schon allen Potentaten gedient hatte. Dieser stellte den Polen auf einen Karren, knüpfte ihn mit einem Stricke an den Zweig eines Baumes und zog dann den Karren unter ihm weg. Durch diese Tat hatte er sich aber den Hass und die Verachtung des ganzen Bataillons zugezogen. Er verschwand nach einiger Zeit, wie man sagte, durch einen der Unsrigen ermordet.

Als ich eines Tages mit sechs Mann zu dem Gepäck kommandiert worden war, kamen wir an einer Kapelle vorbei. Ich ging hinein, um mich nach Lebensmitteln umzusehen. Freilich ich fand nichts, vernahm aber ein Klopfen, das aus einem tiefen Gewölbe hervorkam. Ich ging mit dem gezogenen Hirschfänger vorsichtig hinein und fand ein Pferd, das, von Millionen Fliegen gequält, immer mit den Hufen auf die Erde schlug. Ich führte das Tier aus dem Gewölbe und der Kirche hinaus, befreite es von den Fliegen und übergab es einer Soldatenfrau, die bei der Bagage war.

Da kamen plötzlich aus dem nahen Walde etwa zwanzig, wie es mir schien, wilde Schweine auf uns zugestürzt, von denen ich eins totschoss. Kaum hatte ich meinen Schuss abgefeuert, als ein englischer Stabsoffizier heransprengte und mich darüber zur Rede stellte. Meine Rechtfertigung war vergeblich; er jagte wieder fort und kam bald mit einem Husaren zurück, der

---

14 „Voleurs" - (franz.) „Diebe"
15 „Cochons Hanovrien" - (franz.) „Hannoversche Schweine"

mich zu der anderthalb Stunden entfernten Profoswache brachte. Hier war ich dann bis gegen Abend. Der Oberprofos kam und fragte, warum ich hier sein. Ich zuckte mit den Schultern. Er fragte den kommandierenden Unteroffizier; der erwiderte, dass kein Rapport abgegeben worden sei. Darauf sagte der Oberprofos, ich solle machen, dass ich fortkäme, dort oben läge mein Bataillon.

Ich eilte fort. Schon aus der Ferne hörte ich die Kanonen brummen. Als ich bei meinem Bataillon ankam, meldete ich mich beim Feldwebel und erzählte ihm mein Abenteuer. Dieser tröstete mich, es ginge gleich ins Feuer und es würde später nicht mehr danach gefragt werden.

Nach dem beendigten Scharmützel rückten wir beim Einbruch der Nacht in einen Föhrenwald. Kaum hatten wir uns dort niedergelegt, so hörte ich in der Nähe ein Geschrei. Es war einer von unseren Hornisten von einem Skorpion ins Gesicht gestochen worden. Die Ärzte kamen herbei, schnitten dem Manne ein Stück Fleisch aus der Backe und brachten ihn ins Lazarett, von wo er bald als geheilt wieder zurückkam.

Seit dieser Zeit durchsuchten wir stets, ehe wir uns niederlegten, die Stelle nach Skorpionen, die besonders häufig in der Borke der Föhrenbäume saßen, wo wir sie dann mit den Hirschfängern zerschnitten. Als Schutz gegen die Tiere findet sich in Spanien eine große Menge schöner Eidechsen, von etwa 1 Fuß Länge, glänzend grün, mit weißen Silberflecken; sie wecken einen schlafenden Menschen, in dessen Nähe ein Skorpion ist, dadurch, dass sie ihm durch das Gesicht laufen. So geschah es einem der Unsrigen, namens Ohms, der, ärgerlich über die unaufhörliche Belästigung der Eidechse, aufstand; als er aber seinen Schuh anziehen wollte und ihn vorher ausschüttelte, fiel ein Skorpion heraus. Diese Eidechsen waren so schön und wurden so zahm, dass mehrere von uns zu ihrem Vergnügen eine solche beständig auf ihrem Busen oder auf dem Tornister mit sich führten.

In einer der folgenden Nächte lagen wir in einem Dorfe. Auf einmal wurde Lärm geschlagen; denn die Wölfe waren in unsere Ochsenherde eingebrochen. Unserer vierzig marschierten hin. Schon in einiger Entfernung hörten wir ein entsetzliches Geheul. Wir schossen in die Luft und die Wölfe wichen zurück. Als wir aber an der Ochsenherde vorbei waren, schossen wir scharf auf die Raubtiere und trieben sie ganz in die Klippen zurück.

10.Kapitel
Die Schlacht bei Salamanca und die Einnahme von Madrid
(Juli und August 1812)

Nicht lange nachher rückten wir vor ein Kastell in der Nähe von Salamanca. Hier hatten die Engländer schon Batterien angelegt, mit denen es ihnen gelang, die Kanonen der Festung zum Schweigen zu bringen. Ich blieb für den Tag neben den Mauern eines Klosters, das am Fuße des Kastells lag und musste für die Kompanie kochen helfen. Die Nacht schliefen wir im Kloster, während um uns beständig mit Kanonen und kleinen Geschützen gefeuert wurde.

Am anderen Morgen musste ich mit in das obere Stockwerk des Klosters, wo eine Menge Schießscharten angebracht waren, durch welche wir die Festung immer im Auge hatten und die Kanoniere, die zum Laden hervorkamen, niederlegten, so dass nur selten eine Kanone abgeschossen werden konnte. Dabei feuerte unsere Batterie lustig gegen die Festung.

Nachmittags 04.00 Uhr stürzte oben eine große Kaserne um; es war ein entsetzliches Krachen der Steine und Balken, untermischt mit dem Wehgeschrei der Leute. Nur die hintere Wand des Hauses blieb stehen, an welcher wir ganze Reihen von Uniformen hängen sahen. Aus den Trümmerhaufen stieg ein dicker Rauch auf; die Franzosen suchten zu löschen, kamen uns dabei aber recht zum Schusse und fanden in großer Anzahl ihren Tod, während von den Unsrigen nur einige getroffen wurden.

Mein Sergeant, namens Lüder, hatte das Unglück, hier tödlich verwundet zu werden. Er forderte mich auf, rascher zu feuern, obgleich der Befehl gegeben worden war, dass wir nur schießen sollten, wenn ein Artillerist zum Laden hervorkäme. Er nahm mir hastig die Büchse aus der Hand, legte an und wurde, ehe er abgeschossen hatte, von einer Kugel in die Backe getroffen. Nach drei Tagen war er tot.

Von diesem Posten wurden wir durch portugiesische Truppen abgelöst, die das Kastell enger einschlossen und dann, wie ich später hörte, zur Übergabe gezwungen haben. Nach unserem Abzuge hatten wir beständig Gefechte, bis wir in die Gegend von Salamanca kamen.

Am Tage vor der Schlacht, welche von dieser Stadt den Namen trägt, war es schönes Wetter; aber die Luft war schwül und das Marschieren wurde uns sehr sauer.

Gegen 04.00 Uhr nachmittags verfinsterte sich plötzlich der Himmel. Wir bekamen Befehl, unsere Büchsen zusammenzustellen und uns etwa zwanzig Schritt davon, in unsere Decken gewickelt, niederzulegen. Aber ehe wir uns niedergelegt hatten, strömte schon der Regen herab, von entsetzlichen Blitzen und furchtbarem Donnern begleitet. Etwa eine Stunde dauerte dieses Gewitter; aber die Donnerschläge krachten so nahe auf unsere Köpfe herab, die Luft war so mit Feuer angefüllt, dass wir glaubten, der jüngste Tag bräche herein und Furcht und Entsetzen ergriff uns. Ich hatte sonst nicht eben Zeit und die Neigung zu Beten, aber in diesem Aufruhr des Himmels betete ich zu Gott, er möge das Gewitter gnädig an uns vorüberziehen lassen.

Als der Himmel wieder klar geworden war und die Sonne warm auf uns herabschien, sahen wir nach unseren Gewehren, zogen die Schüsse heraus und luden wieder. Dann schwenkten wir unsere Decken aus, um sie möglichst trocken zu machen, weil sonst ihr Gewicht den Tornister zu sehr belastete. Lebensmittel hatten wir nicht; deshalb kochten wir Schokolade, die wir am Tage vorher in einer Stadt gekauft hatten, schnitten Schiffszwieback hinein und taten uns damit gütlich. Dann legten wir uns nieder und hatten eine ganze Nacht Ruhe.

Beim Aufgang der Sonne - es war ein schöner, heller Morgen - erhoben wir uns, packten unsere Sachen zusammen, machten uns in unseren Feldkesseln ein warmes Getränk aus den Überbleibseln von gestern und zogen eine halbe Stunde vorwärts an ein Gehölz, wo unsere Kavallerie hielt. Vor uns an demselben Holze stand französische Kavallerie und Infanterie. Unsere Kavallerie machte alsbald einen Angriff und jagte die feindlichen Reiter zurück, musste aber vor dem Feuer der französischen Infanterie weichen. Darauf rückten wir feuernd gegen den Feind, wurden aber von ihm zurückgedrängt, worauf unsere Kavallerie einen erfolgreichen Angriff machte; denn der Feind zog sich seitwärts nach unserem rechten Flügel.

Auch wir zogen jetzt rechts und kamen nun über einen Teil des Schlachtfeldes, wo schon Portugiesen im Feuer gestanden hatten. Hier lag eine große Menge Verwundeter, meist mit abgeschossenen Beinen, die erbärmlich schrieen, besonders wenn wir sie berührten, was aber ganz unvermeidlich war, da wir in Kolonnen marschieren mussten. Hier sahen wir uns gegenüber eine feindliche Batterie aufgefahren, die im Nu dem Leutnant Finkh[16] nebst sieben Mann von der 8.Kompanie die Köpfe wegnahm. Wir sahen uns da-

---

[16] Eigentlich Wilhelm Philipp August von Finke. Er diente vom 15. - 23.Oktober 1810 zunächst als Ensign, dann als Lieutenant im 2.leichten Bataillon und nahm als solcher in den Jahren 1811 und 1812 an den Kämpfen auf der Iberischen Halbinsel teil. Wie der Autor beschreibt, fiel von Finke am 22.Juli 1812 in der Schlacht bei Salamanca.

nach um, aber der Adjutant Riefkugel kommandierte: „Vorwärts, Leute, es ist nichts passiert!"

Jetzt stellten wir uns in Linie auf, rechts neben den Braunschweigern; ich stand auf dem linken Flügel. Auf einmal nahm eine Kanonenkugel den rechten Flügelmann der Braunschweiger neben mir ganz fort. Sein Hintermann lag da mit offenem Leibe, richtete sich auf, schob mit den Händen sich die Eingeweide wieder in den Bauch, stürzte hin und verschied.

Nach einer halben Stunde etwa zogen wir links dem Feinde entgegen und stürmten einen Hügel, der mit französischer Infanterie besetzt war, die starkes Feuer auf uns gab. Wir verteilten uns zum Tiraillieren und schossen beständig. Auch unsere Reiter halfen uns den Feind zu werfen, worauf sich die Batterie, die uns so viel Schaden zugefügt hatte, zurückzog. Nachdem wir den Feind noch etwa eine halbe Stunde weit verfolgt hatten, wurde es Abend. Wir zogen uns etwas zurück, legten uns im freien Felde nieder und schliefen hungrig, aber schwer ermüdet, mit der Büchse im Arme, ein.

Am anderen Morgen, nachdem uns unsere Rationen geliefert worden war und wir uns neben den Dragonern in Reihe und Glied aufgestellt hatten, wurden wir von Wellington gemustert, worauf unsere Reiter zur Verfolgung des Feindes über eine schmale Brücke vordrangen. Wir folgten ihnen, mussten aber vor der Brücke Halt machen, weil diese unseren Marsch hemmte und wir hatten einen herzzerreißenden Anblick. Am Eingange der Brücke lag, mit dem Rücken an das Ufer des Flusses gelehnt, ein französischer Infanterist, dem Auge, Nase und Kinnlade abgehauen waren, so dass ihm beim Atemholen jedes Mal zwei Ströme Blutes oberhalb des Halses hervorquollen. Mitleidig und von dem Anblick erschüttert, ging mancher von uns zu ihm hin, um Hilfe zu bringen. Auch ich fasste ihm beim Arme; da wies er mit seinen Händen nach dem Herzen; er konnte ja nicht reden. Er wollte wohl andeuten, ich möchte ihn erstechen; auch ermunterte mich mein Offizier dazu. Aber so gerne ich einem Feinde meinen Hirschfänger in den Leib rannte, diesen Unglücklichen musste ich mit tiefer Wehmut seinem Geschicke überlassen.

Nachdem wir die Brücke überschritten und hinter ihr einen sehr beschwerlichen Weg zurückgelegt hatten, kamen wir an einen Wiesengrund, wo wir nacheinander zwei soeben von unseren Dragonern zusammengehauene Grenadierkarrees fanden, zwischen denen viele von unseren Reitern samt ihren Pferden lagen. Wir eilten im Geschwindschritte über sie hinweg, nach einer Anhöhe vor uns, wo ein drittes Viereck soeben von unseren Dragonern angegriffen wurde. Das vorderste Pferd stürzte in die aufgerichteten Bajonette; im gleichen Augenblick jagten drei oder vier andere Reiter über den gestürzten in das Karree und hieben darin herum. Das Karree kam dadurch in Unordnung; von allen Seiten griff nun die Kavallerie an und in wenigen Minuten war das ganze Bataillon zusammengehauen. Diejenigen, welche ihre Waffen wegwarfen und davonliefen, wurden von den Reitern eingeholt und zu Gefangenen gemacht.

Wir marschierten auch über dieses Leichenfeld hin und, was alte Sagen so märchenhaft verkünden, habe ich hier mit eigenen Augen gesehen - einen Mann, der in zwei Hälften gespalten war - mit solcher Kraft schwangen unsere Dragoner ihre sehr langen und breiten Säbel. Nachdem vor unserer Reiterei das vierte Karree weggelaufen und dabei fast ganz von ihr gefangen genommen worden war, jagte auch die französische Kavallerie davon und wir gelangten, ohne einen Schuss getan zu haben, oben auf dem Berge an. Bis gegen Abend verfolgten wir dann noch den Feind. Zuweilen setzte sich ein Regiment; sobald aber unsere furchtbaren Dragoner heransprengten, nahmen sie erneut Reißaus.

Als es dunkel geworden war, schlugen wir unser Lager neben einem Dorfe auf, in welches unsere Dragoner gelegt worden waren, damit sie sich nach den Anstrengungen des Tages gehörig ausruhen könnten, während einige portugiesische Reiterregimenter mit zwei Geschützen noch weiter vorgeschoben wurden. Sobald es mir möglich war, schlich ich mich ganz bewaffnet in eine Kapelle, welche nicht weit von uns neben dem Dorfe lag, weil mir gesagt worden war, dass die Franzosen in derselben ein Brotmagazin gehabt hätten. Bei dem Scheine der ewigen Lampe, die noch brannte, durchsuchte ich die Kapelle, fand Hafer und Brotkrumen auf der Erde verstreut, konnte aber nichts mehr für mich entdecken. Während ich noch alle Winkel durchsuchte, hörte ich plötzlich ein Schreien und Schießen im Dorfe, dazu schmetterten die Trompeten. Ich vermutete einen Überfall der Franzosen, ging in die Tür der Kapelle und hörte, wie Massen von Reiterei daran vorbeijagten. Ich hielt sie für Franzosen, ging zurück und verkroch mich in ein großes hohles Marienbild, das am Altar stand. Als ich aber draußen deutsche Kommandos hörte, machte ich mich aus der Kapelle und ging zu unserem Lagerplatze, den ich leer vorfand.

Gleich darauf traf ich aber unser 1.Bataillon und stellte mich an den Flügel. Da eilten portugiesische Reiter an uns vorbei, welche die Franzosen verfolgten. Mein Nebenmann, den ich nach meinem Bataillon fragte, wies mich rechts um das Dorf. Als ich nach der Richtung hinlief, kam mir der Fahnenschmied von den Dragonern entgegen; ich glaubte, dass er Becker hieß und aus Latferde bei Hameln war. Dieser zeigte mir auf meine Frage den Ort, wo mein Bataillon stand und fügte hinzu, ich sollte nur eilen, er käme soeben von der Verfolgung der Franzosen zurück.

„Dä wollen üs Mutten maken; aber eck hebbe se dor de Snuten streken un düchtig tosame neiht."

Ich erreichte mein Bataillon in einer Niederung, marschierte mit ihm noch in derselben Nacht vorwärts in einen Wald, wo wir bis zum Morgen blieben.

Die folgenden Tage setzten wir in Verbindung mit der Kavallerie, die häufig zum Einhauen kam, dem fliehenden Feinde nach und kamen nach einiger Zeit in die Gegend von Madrid. Schon aus der Ferne machte diese Stadt einen großartigen Eindruck mit ihren vielen Türmen und großen Palästen. Wir rückten, ohne Widerstand zu finden, hinein in die schönste Stadt, die ich in meinem Leben gesehen habe.

Unser ganzes Bataillon wurde in einem großen Hause, das einer Kaserne ähnlich war, einquartiert und wir freuten uns, dass wir jetzt einmal nach langen Wochen mit größter Bequemlichkeit, wenn auch auf gepflastertem Fußboden, schlafen konnten.

Am folgenden Morgen eilten meine Kameraden in die Kirche, die den Franzosen als Magazin gedient hatte. Ich kam etwas zu spät und begnügte mich mit einer Schnellwaage, die ich endlich im Heu fand. Sogleich bot ich sie in einem benachbarten Kaufmannsladen feil und erhielt dafür zehn Taler. Als ich von hier auf den Markt ging, sah ich daselbst eine Menge armer Leute auf der Erde liegen, die die Vorübergehenden ansprachen, aber wenig Barmherzigkeit fanden. Diese armen, zerlumpten Leute aßen Stachelbeerschalen, die auf der Erde herumlagen und stillten damit ihren Hunger. Ich wusste auch, dass Hunger weh tat und kaufte aus Mitleid eine große Menge Stachelbeeren, denn ich hatte ja viel Geld in der Tasche und verteilte sie. Die Unglücklichen, bis zum Gerippe abgezehrt, küssten mir die Hände, dankten mit tiefer Wehmut und traten mich in ihrem Ungestüm, womit sie nach den Stachelbeeren trachteten, beinahe um. Um diesem Bilde des Jammers zu entgehen, machte ich mich davon. Doch konnte ich nicht umhin, jeden Morgen, solange wir in Madrid lagen, nach dem Markte zu eilen und diese Leute mit meinen Rationen zu erquicken, was auch viele meiner Kameraden taten. Sehr oft fanden wir aber einige, die in der Nacht vor Hunger und Kälte umgekommen waren. Wir kauften uns dann frisches Bot, das besser schmeckte, als der harte Schiffszwieback.

Nach einigen Tage ergaben sich die Franzosen auf der Zitadelle. Ich sah sie herauskommen in Reihe und Glied. Mit gutem Vertrauen überlieferten sie sich in die Hände der Engländer. Aber später wurden sie von den Portugiesen an die Küste transportiert und da muss es ihnen sehr schlecht ergangen sein; denn wir fanden, als wir nachher über dieselbe Straße zogen, sehr häufig Leichen dieser armen Franzosen, ihrer Kleider beraubt, was unseren Zorn gegen das hundsföttische Betragen der Portugiesen rege machte.

11.Kapitel
Die Belagerung von Burgos
(September und Oktober 1812)

Von Madrid aus marschierten wir nördlich. Die Franzosen zogen sich immer vor uns zurück, ohne dass wir zum Schuss kamen; aber im Gebirge neben uns hörten wir häufig Kanonendonner.

In kurzen Tagesmärschen rückten wir vorwärts und bezogen nach Verlauf einiger Wochen etwa vier Stunden hinter Burgos auf einer Anhöhe ein Lager, wo wir acht Tage blieben. Unter uns lagen in einem Dorfe Dragoner; rechts von uns zog sich ein anderer Berg hin, der von den Franzosen besetzt war, die in einem Dorfe am Fuße desselben ihre Vorposten aufstellten.

Obgleich wir strengen Befehl hatten, uns nicht vom Lager zu entfernen, so trieb uns doch eines Nachts der Hunger hinaus nach einem Schafstalle, der vor dem von den Franzosen besetzten Dorfe lag. Der Sprachmeister unseres Kommandeurs, Wassinger, der zugleich unser Koch war, führte den Zug, der aus acht Mann bestand. Wir nahmen zwei Maultiere und eine Menge Stricke und zogen an unseren Vorposten vorbei, den wir gehörig instruierten.

Als wir bei dem Schafstalle angekommen waren, öffneten wir so leise wie möglich eine Klappe. Ich stieg durch dieselbe in den Stall, riegelte von innen die Türe auf und band den Schafen die Beine zusammen, wobei mir zwei von unseren Leuten halfen. Indessen besetzten die fünf anderen mit Wassinger den Ausgang des Dorfes, kamen aber alsbald zurück und meldeten, dass eine französische Reiterpatrouille im Anrücken sei. Wir machten die Türe leise zu, stellten uns dicht zusammengedrängt mit unseren beiden Maultieren an die Seitenwand des Schafstalles und erwarteten schussfertig den Feind. Als aber die Reiter am Ende des Dorfes umkehrten, besetzten wir wieder den Ausgang desselben, beluden eiligst unsere Maultiere mit etwa zehn Schafen und eilten in unser Lager zurück, wo uns der Posten verabredetermaßen ohne Anruf durchließ.

Als am anderen Morgen Durchsuchungen abgehalten wurden, weil die Klage eingelaufen war, vergruben wir das Fleisch, Wassinger zeichnete die noch lebenden Schafe mit dem Messzeichen und so wurde nichts Verdächtiges gefunden.

Nach einigen Tagen besetzten wir gegen Morgen das Dorf, in welchem bisher die Dragoner gelegen hatten. Es wurde sogleich von französischer Infanterie angegriffen. Wir verteilten uns jeweils zu zweit hinter einer drei Fuß hohen Mauer. Unser Hauptmann stand hinter uns auf einer Anhöhe neben einer Kapelle. Er rief mir zu, ich sollte mich niederlegen; da der Platz aber besudelt war, so rief ich hinauf, dass ich mich nicht legen könnte. Der Befehl wurde wiederholt; ich antwortete dasselbe. Jetzt wurde mein Nebenmann durch die Hand geschossen.

Da rief ich: „Vorwärts, wer Lust hat", und sprang über die Mauer, schoss meine Büchse ab und steckte den Hirschfänger auf. Fünf bis sechs Mann waren mir auch gefolgt und mit „Hurra!" stürzten wir gegen den Feind, der uns sogleich den Rücken zeigte und viele Leute auf dem Platze ließ, da unser ganzes Bataillon nun hervorgebrochen war. Als wir uns wieder hinter die Mauer zurückgezogen hatten, empfing mich der Hauptmann mit Schelten und sagte, es wäre diesmal gut gegangen, ich sollte mir dergleichen aber nicht wieder herausnehmen.

Bis gegen Abend hielten wir uns im Dorfe. Wir mussten Holz von Häusern und zerbrochenen Wagen zusammentragen und soviel Feuer anzünden wie möglich, ein Blendwerk, das uns die Franzosen oft vormachten, dessen wir uns aber nur dieses eine Mal bedient haben.

Als es dunkel geworden war, brachen wir leise in Richtung auf Burgos auf. Ich befand mich an der äußersten Spitze des Nachtrabes. Nach zwei Stunden fanden wir ein englisches Magazin, in welchem ausgeschlagene Wein- und Rumfässer lagen, etwas beschmutztes Brot und ein Packen Kabeljau. Von letzterem nahm ich mir einige Stücke auf den Tornister und kaute vor Hunger die ganze Nacht daran herum. Gegen Mitternacht marschierten wir dicht neben Burgos hin; wir mussten uns ganz ruhig verhalten und durften nicht sprechen und nicht husten. Die Adjutanten kamen oft bis zu unserer Spitze, zogen Erkundigungen ein und gaben uns über den Marsch Anweisungen.

Bald nach Mitternacht kamen wir an einen Hohlweg und hörten dort Lärm. Ich horchte und vernahm deutsche Laute. Deshalb ging ich, während meine Kameraden oberhalb weiter marschierten, hinunter und fand daselbst betrunkene Leute. Es waren vier Soldaten und mein Freund Reichert aus Hameln, mit der dicken Trommel, derselbe, mit dem ich in Elvas das Abenteuer bestanden hatte.

„Heinrich", redete ich ihn an, „wat hest du in diner Trummel?"
„Süh mal, Friedrich", erwiderte er, „et ist gut, dat eck deck hier dräpe; eck hebbe in der Trummel for meck un mine Kameraden Rum mitenohmen", und damit schülpte er den Rum in seiner Trommel.

Ich nahm sie ihm nun mit Gewalt ab, schnitt das Fell mit meinem Hirschfänger entzwei, ließ den Rum auslaufen und gab ihm die Trommel wieder mit den Worten: „Da, Heinrich, hest du dine Trummel; den Rum hebbe eck afetappet. Wenn deck nu aber de Rum in dinen Liebe leif is, sau mak, dat du fortkummst; sonst tappet en deck de Franzosen af", und trieb ihn vor mir her.

Anfangs wurde mir das sehr schwer; als er aber nüchterner wurde und die gefährliche Lager erkannte, in der wir uns befanden, brauchte ich ihn nicht mehr zur Eile zu ermahnen.

Bei Tagesanbruch kamen wir zu einer Notbrücke aus Balken, an der ein Maultier mit einem abgebrochenen Bein halb im Wasser hing, aus dem es zuweilen den Kopf emporhob um Luft zu schnappen. Das Tier jammerte mich und ich schnitt ihm das Bein ab, worauf es im Flusse fortschwamm.

Nach einiger Zeit kamen wir an eine Heerstraße, auf welcher ein Fass Rum stand, dem der obere Boden ausgeschlagen war. Ich füllte mir meine Kantine halb voll. Mein Freund Reichert hatte die seinige verloren; aber er füllte sein Kuhhorn, das er, wie wir fast alle, sich zu einem Gefäße zugerichtet hatte. Einige Adjutanten kamen herangesprengt und erfuhren von uns, dass wir die letzten wären, worauf einer von ihnen vom Pferde stieg, die Tonne umstürzte und den Rum auslaufen ließ.

Es war noch früh am Morgen, als wir wieder zu unserem Bataillon kamen, das eben neben der Heerstraße auf einem Felde hielt. Hier wurde Fleisch geliefert und wir brachten es eiligst zu Feuer. Aber in demselben Augenblicke kam der Befehl zum Aufbruch. Wir stülpten die Kessel um, banden sie auf den Tornister und steckten unser Fleisch in den Brotbeutel.

Das 2.Bataillon marschierte gegen den Feind zurück und legte sich neben der Heerstraße in einen tiefen Graben in der Nähe einer Brücke, über die der Feind herankommen musste. Kaum waren wir schussfertig, so hörten wir in einiger Entfernung einen Reiterkampf mit lautem Rufen und Schreien und sogleich kam die englische Reiterei in einem betrübten Aufzuge über die Brücke gesprengt, die Leute voll Blut, manche Pferde leer, andere mit tiefen Wunden und herabhängenden Eingeweiden. Im Nu waren sie davon, dicht hinter ihnen die französische Kavallerie. Als diese aber über die Brücke setzte, gaben wir ein so fürchterliches Feuer mit unseren Büchsen, dass sich alle, die von unseren Kugeln verschont geblieben waren, eiligst zurückzogen. Wir formierten alsbald ein Karree und zogen unserer Artillerie nach, während die französische Kavallerie behutsam folgte. Das dauerte fast den ganzen Tag und es mochte wohl nachmittags 05.00 Uhr sein, als wir auf der Heerstraße links und rechts Häuser trafen. Wir marschierten zwischen ihnen hindurch und fanden hinter denselben unsere Dragoner halten, die, als wir kaum vorüber waren, auf die nachsetzende feindliche Kavallerie einhieben. Ich sah das Blitzen der Klingen, das Gewühl der Pferde und der Menschen und hörte ein entsetzliches Geschrei.

Kaum hatten wir uns, das 1.Bataillon rechts, das 2. links von der Straße, aufgestellt, so jagten unsere Dragoner einzeln und in kleinen Trupps in traurigem Zustande zwischen uns hindurch. Ein Dragoner hatte einen Unteroffizier mit zerschossenem Beine vor sich setzen. Der Dragoner bat um einen Trunk; ich sprang aus dem Gliede und reichte ihm meine Kantine, die er dem Unteroffizier zum Trinken vorhielt und dann davonjagte. Auch eine Kanone, die nur noch drei Räder hatte, rasselte zwischen uns hindurch.

Unter den Nachfolgenden war ein Rittmeister, in welchem mein Nebenmann den Herrn von der Decken[17] erkannte, welcher ohne Hut bei einem Dragoner auf dem Pferde saß und uns zurief: „Steht fest, deutsche Brüder; die Hundsfötter können Euch nichts tun!"

Auch Lord Wellington kam ganz allein an uns herangejagt, redete mit unserem Kommandeur Halkett einige Worte und jagte dann auf eine Anhöhe hinter uns, um den ferneren Angriff der französischen Kavallerie zu beobachten.

Unter den Letzten kam der Wachtmeister Kielpennig ohne Hut und ohne Degen herangesprengt, neben ihm ein Korporal, dicht hinter ihnen die Franzosen. Unser Kommandeur Halkett rief den beiden zu, sie möchten sich von den Pferden werfen, wir müssten Feuer geben. Kielpennig warf sich eben noch zeitig vom Pferde in den Graben und wurde so gerettet. Wir feuerten

---

[17] Dies müsste Benedix von der Decken, Capitain im 2.Dragoner-Regiment des Königlich-Deutschen Legion gewesen sein. Dieser trat zunächst als Unteroffizier in die Legion ein, wurde zum 12.Oktober 1805 Lieutenant und nahm als solcher 1805 an der Expedition nach Hannover und 1812/1813 an den Kämpfen auf der Iberischen Halbinsel teil. Am 18.September 1813 erhielt er seine Ernennung zum Captain, kämpfte 1813/1814 in Südfrankreich, 1814 in den Niederlanden und endlich 1815 in der Schlacht bei Waterloo und dem weiteren Feldzug mit. Der am 23.Oktober 1812 im Gefecht bei Venta del Poco leicht verwundete Kavallerist lebte später als Brevet-Major der hannoverschen Armee in Laak.

und der Korporal und das nachrückende französische Reiterregiment stürzten.

Ein zweites Regiment setzte auf unser Karree los und wurde blutig zurückgewiesen. Ein drittes Regiment sprengte auf das 1.Bataillon ein, hatte aber ein gleiches Schicksal. Ein viertes Regiment wollte wieder auf uns los, konnte aber wegen der vielen Pferde und Reiter, die vor uns aufgetürmt lagen, nicht mehr an uns und schwenkte wieder ab, nachdem es von uns einen tüchtigen Gruß bekommen und viele Leute verloren hatte.

Jetzt stand auf einmal ein französisches Offizierspferd, mit einem Schusse durch die Nase, an allen Gliedern zitternd, mitten in unserem Karree. Niemand hatte gesehen, wie es hereingekommen war; es musste wohl seiner Todesangst über uns gesprungen sein. Unser Sergeant Meyer eignete es sich an, da er es zuerst beim Zügel fasste und erbeutete aus dem Mantelsacke 20 Napoleondor. Das Pferd wurde erschossen, da seine Wunde bedeutend war.

Indessen hatte sich die französische Reiterei nach einer Anhöhe zurückgezogen und dort neu aufgestellt. Wir zwangen sie aber durch eine dreimalige Salve, sich noch weiter wegzubegeben und zogen uns dann, als es anfing, Abend zu werden, unter klingendem Spiele ruhig zurück.

Nach etwa anderthalb Stunden machten wir Halt. Wir bekamen eine Ration Rum und setzten, neugestärkt, die ganze Nacht hindurch den Rückzug fort, ohne von den Franzosen belästigt zu werden. Auf diesem Marsche fanden wir viele Haufen Portugiesen, die, zu fünf bis zehn Mann dicht zusammengedrängt, in ihre Decken gewickelt, am Wege lagen. Sie konnten und wollten nicht weiter, soviel wir sie auch nötigten. Denn die Portugiesen sind von Natur ein faules und weichliches Volk, nicht imstande, wie wir, Anstrengungen zu ertragen; am liebsten liegen sie auf dem Rücken und lassen sich die Sonne auf den Leib scheinen.

Als es Tag wurde, kamen wir über eine Brücke und rückten in ein von den Engländern soeben verlassenes Lager, wo uns, auf Lord Wellingtons Befehl, als Anerkennung für unsere kaltblütige Tapferkeit vom vorigen Tage zwei Rationen Wein geliefert wurden, die wir uns auf den noch brennenden Wachtfeuern warm machten. Damit noch nicht zufrieden, gingen einzelne von uns in ein benachbartes Dorf, erbrachen die Weinkeller und holten von dem besten Weine. Auch ich brachte einen großen Kessel und mehrere Kantinen voll zurück.

12.Kapitel
Rückzug und Winterquartier

Wir hatten noch nicht ausgetrunken, - es mochte kurz nach Sonnenaufgang sein - als ein französisches Reiterregiment über die Brücke auf uns einsprengte. Hinter ihm flog die Brücke in die Luft. Wir gaben Feuer und unsere Kavallerie kam plötzlich aus einem Hinterhalte hervor, wo sie selbst von uns nicht bemerkt worden war und hieb die Feinde nieder. Der Rückzug wurde jetzt eiligst wieder angetreten und wir marschierten den ganzen Tag, ohne weiter beunruhigt zu werden.

Die folgenden Tage hatten wir aber wieder bald mit französischer Infanterie, bald mit Kavallerie zu tun, wobei indessen wenige von uns blieben, da uns unsere Offiziere trefflich führten und wir ihre Befehle aufs pünktlichste befolgten. Von den Feinden, die immer in Massen heranrückten, wurden dagegen eine große Menge durch unsere Kugeln niedergestreckt. Um den Franzosen das Nachrücken zu erschweren, mussten wir alle Brücken, die wir antrafen, zerstören; denn wir waren die Letzten bei diesem Rückzuge.

So wenig uns auch die Feinde schadeten, so war dieser Rückzug doch für uns höchst trübselig; denn von oben hatten wir Regen und Schnee und heftige kalte Winde und von unten unergründlichen Schmutz, so dass wir gewöhnlich bis über die Knöchel hineinsanken. Das alles war indessen noch erträglich, solange wir marschierten oder von den Feinden belästigt wurden. Wenn aber Halt gemacht werden musste, so bebten uns die Knie und die Zähne klapperten aneinander; denn während des ganzen Rückmarsches wurden wir nicht trocken am Leibe und unsere Schuhe waren mit Wasser und Dreck gefüllt. Zu Essen gab es wenig, Kochen konnten wir fast nie. Noch schlechter als uns ging es den armen Braunschweigern, die immer in unserer Nähe waren; denn diese fror es in ihren leinenen Hosen noch ärger als uns.

Ich befand mich trotzdem in dieser Zeit sehr gut; nur ärgerte es mich, dass wir stets vor den Feinden weichen mussten, die wohl denken konnten, dass wir uns vor ihnen fürchteten, was aber gar nicht der Fall war. Wäre es auf unser Bataillon angekommen, so hätten wir und durch das ganze französische Heer keinen Fuß breit zurücktreiben lassen. Aber dem Kommando der Oberen muss der Soldat, wenn auch wider Willen, gehorchen.

Eines Abends wurde der Befehl zum Kochen gegeben. Das Anzünden des Feuers wurde uns aber schwer, weil es stark regnete und der Boden ein endloser Morast war. Wir brachten deshalb erst einen Haufen Holz zusammen und auf diesem gelang es uns, Feuer anzuzünden. Da es aber an Wasser fehlte, denn in der ganzen Gegend war nur Schlamm zu finden, so schnitten wir Stücke von grünem Holze ab und daran brieten wir unser Fleisch. Dann ging ich zu meinem Bruder, der bei den Offizieren das Schlachten besorgte und bat ihn für die Nacht um eine Decke von den Maultieren. Da diese aber nicht abgepackt werden durften, so konnte er mir keine geben. Ich musste als sehen, wie ich fertig wurde; denn die meinige hätte ich nicht losgemacht, wenn ich auch gedurft hätte und wäre lieber erfroren, als dass ich mir am anderen Tage mit der durchnässten Decke meinen Tornister so unerträglich beschwert hätte. Ich stellte mich eine Zeitlang vor das Wachtfeuer und briet vorn, während ich hinten fror. Dann holte ich mir, da mich das lange Stehen zu sehr angriff, einen Reisigbund zusammen, legte es dicht an das Feuer und streckte mich unmutig darauf nieder.

Wohl eine Stunde mochte ich geschlafen haben, als mich ein heftiger Schmerz an den Füßen aufweckte. Das Feuer war mir zu nahe gekommen, meine Schuhe dampften und hatten sich so stark zusammengezogen, dass ich sie kaum von den Füßen schaffen konnte und sie schließlich wegwerfen musste, Ich nahm mein zweites Paar Schuhe aus dem Tornister und zog sie recht fest an die Füße, weil sie mir sonst am anderen Tage im Dreck stecken geblieben wären. Manche meiner Kameraden marschierten jetzt schon mit einem Schuh, andere hatten gar keine mehr.

Als wir am Nachmittage des folgenden Tages in einem Walde marschierten und links von uns einzelne Schüsse hörten, ging durch unsere Kompanie das Gespräch, es wären dort Schweine. Sogleich machte ich mich heimlich aus dem Gliede und blieb zurück, bis die Spitze unseres Nachtrabes herankam, die der Korporal Dröge, mein Landsmann und guter Bekannter, kommandierte. Er frage mich, wohin ich wollte und ging gleich mit mir, als ich ihn mit meiner Absicht bekannt gemacht hatte.

Nachdem wir eine Strecke gegangen waren, sahen wir, wie sechs französische Reiter auf einen von unseren Leuten lossprengten. Unser Kamerad bekam eine tüchtigen Hieb durch das Gesicht, sprang aber schnell hinter einen Baum, schoss einen Franzosen vom Pferde und lief dann schleunigst zu unserem Bataillon. Indessen hatten sich die Franzosen gegen uns gewandt, jagten aber schnell wieder davon, nachdem ich einen erschossen hatte. Da wir aber in der Ferne noch viele feindliche Reiter sahen, so hielten wir es für geraten, auch ohne Schweine eiligst zu unserem Bataillon zurückzukehren, das gerade Halt machte und die Büchsen in Stand setzte, weil die französische Kavallerie so kühn gewesen war, unsere Bagage, die vor uns marschierte, anzugreifen. Den ganzen Tag kam es aber nicht zum Treffen.

Am Abend, als es schon ziemlich dunkel war, gelangten unsere zwei Bataillon, die die Spitze des Nachtrabes bildeten, an einen ziemlich breiten Fluss. Wir waren vom Regen arg durchnässt, aber dennoch wollte keiner durch den Fluss und eine Brücke war doch nicht in der Nähe. Während wir so noch zögernd vor dem Flusse standen, hörten wir auf einmal dicht hinter uns Kanonendonner, der uns blitzgeschwind ins Wasser trieb. Wir hielten Büchsen und Patronentaschen in die Höhe und am anderen Ufer, das sehr steil war, hoben wir erst einige von den Unsrigen aus dem Wasser und diese waren dann uns wiederum behilflich, ans Land zu kommen, so dass vielleicht in fünf Minuten unsere beiden Bataillone vor der Verfolgung der Feinde sicher waren.

Indessen hatte die Artillerie unausgesetzt auf uns gefeuert. Weil aber die Schüsse zu hoch gingen, so waren nur wenige von uns gefallen. Jetzt aber, in Sicherheit vor etwa nachsetzender Kavallerie, gab unsere Kompanie, die am ersten schussfertig war, eine Salve auf die Kanonen und brachte sie sogleich zum Schweigen. Eine Zeit lang blieben wir noch stehen; da aber die Kanonen sich nicht mehr rührten und es bereits dunkel geworden war, so zogen wir uns eine Viertelstunde weit zurück auf unsere Linie, die auf einer großen Wiese lag, wo wir uns, mit der Büchse im Arm, niederlegten.

Da mir aber sehr kalt wurde und ich in der Nähe in einer hohlen Weide ein Feuer brennen sah, so ging ich hin, um einen Brand zu einem Wachtfeuer zu holen. Eben wollte ich zugreifen, da flog eine Kugel der französische Geschütze in die Weide, dass Funken und Kohlen weit umherflogen. Deshalb machte ich mich eiligst ohne Feuer wieder davon; denn ich wollte lieber frieren, als durch ein Feuer mein und meiner Kameraden Leben den französischen Kugeln preiszugeben.

Gegen 11.00 Uhr des Nachts, als wir bei der bitteren Kälte und dem stets herabfließenden Regen schon ganz steif geworden waren, wurde uns eine Ration Rum gereicht; doch ich hatte kaum Lust, sie in Empfang zu nehmen, so matt und niedergeschlagen war ich.

Von hier an verfolgten uns die Franzosen nicht weiter; aber die letzten Tage des Rückzuges waren nicht weniger traurig, weil das Wetter und die Wege so ungünstig waren.

Eines Abends blieb ich mit unserem Pikett unter dem Befehle des Hauptmanns Holtzermann[18] vor einem kleinen Flusse, während unser Bataillon

18 Ernst August Holtzermann. Er trat am 21.Januar 1804 in die Königlich-Deutsche Legion ein und nahm 1805 an der Expedition nach Hannover, 1807/1808 am Feldzug im Baltikum, 1808, 1809, 1811, 1812 und 1813 an den Kämpfen auf der Iberischen Halbinsel, 1809 an der Expedition nach der Scheldemündung, 1813/1814 an den Kämpfen in Südfrankreich, 1814 am Feldzug in den Niederlanden und an den

sich auf der anderen Seite desselben gelagert hatte. Unser Feldwebel kommandierte mich durch das Wasser, um Fleisch zu holen; ich sollte dafür des Nachts nicht Posten stehen. Ich ging also hindurch und kam zur Schlachterei, wo ich meinen Bruder fand, der mir mein Fleisch gab und einen Schwanz dazu schenkte, woran er ein tüchtiges Rückenstück hatte sitzen lassen. Außerdem bat ich mir eine Ochsenhaut aus, die mir mein Bruder bis ans Wasser trug. Hier brachte ich erst das Fleisch hinüber, wusch mein Schwanzstück im Wasser ab und setzte es in einem Kessel voll Wasser sogleich ans Feuer. Dann holte ich auch meine Ochsenhaut, die noch am anderen Ufer lag.

Als ich nun sah, dass die Suppe fertig war, fragte ich den Hauptmann, ob ihm eine Tasse Bouillon gefällig wäre.

„Du hast nur Spaß im Kopfe", erwiderte er, „woher willst Du jetzt schon Suppe haben, da das Fleisch noch nicht verteilt ist?"

Indessen ließ er sich doch den Einsatz voll Suppe, den ich ihm reichte, gut schmecken. Dann fragte er mich, was ich mit der Ochsenhaut wolle.

„Das soll mein Bett sein für die Nacht", erwiderte ich, „und ich werde vortrefflich darin schlafen, da ich nicht zu frieren brauche."

Als ich schon eine Zeitlang in meiner Haut gelegen hatte, fragte mich der Feldwebel - sein Name war Schmidt -, wie es mir ginge. Mir wäre recht behaglich, war meine Antwort und er könne an meinem Bette teilnehmen, weil Platz für zwei darin sei. Er kroch zu mir herein und wir schliefen die ganze Nacht hindurch in angenehmer Wärme. Wir wurden nur zuweilen bei der Ablösung geweckt, weil der Feldwebel dann aufstehen musste; doch suchte er sogleich, vor Frost klappernd, sein warmes Bett wieder auf.

Am anderen Morgen beim Aufstehen dampften wir samt unserem Bette wie ein Wachtfeuer und es bekam uns ganz schlecht, dass wir sogleich durch den Fluss setzen mussten.

An diesem Tage rückten wir über Rodrigo hinaus, wo das Winterquartier bezogen wurde. Hier ging es mir recht gut. Ich half meinem Bruder Schweine kaufen und schlachten; wir machten Wurst zum Verkauf und hatten davon, wenn auch kein Überfluss an Geld, doch immer reichlich zu Essen. Des Nachts zogen wir heimlich nach den Weinkellern, die die Bauern der dortigen Gegend weit von ihren Wohnungen im Gebirge haben. Die Bauern hielten oft Wache; aber teils hüteten sie sich, mit uns zusammenzutreffen, weil sie unsere Fäuste fürchteten, teils hüteten wir uns, mit ihnen zusammenzutreffen, weil wir eine Untersuchung fürchteten. So fehlte es uns den ganzen

Kämpfen 1815 teil. Während der Schlacht von Waterloo wurde er am 18.Juni 1815 leicht verwundet. Er diente später als Lieutenant Colonel im 2.hannoverschen Linien-Bataillon.

Winter über nicht an Brot und Fleisch und Wein, dazu wussten wir uns noch von den Böden der Bauern Kastanien und aus ihren Ställen Hühner zu verschaffen. Nur in England habe ich ein besseres Leben gehabt als in diesen Winterquartieren.

13.Kapitel
Die Schlacht bei Vittoria
am 21.Juni 1813

Dennoch freuten wir uns, als es wieder weiterging; denn obgleich wir wussten, dass uns nur Gefahren und Entbehrungen bevorstanden, so hofften wir doch, dass es durch diese Mühseligkeiten wieder zum geliebten Vaterlande gehen würde. Das Leben in Spanien mochte wir nicht mehr; die Leute hassten uns und nannten uns Ketzer und wir hatten keine Lust, für dieses schlechte Volk und unwirtliche Land unser Leben fortwährend aufs Spiel zu setzen.

Nach einigen Wochen trafen wir auf die Feinde, die sich, ohne uns ernstlich Widerstand zu leisten, in ununterbrochener Flucht bis in die Gegend von Vittoria zurückzogen. So wenig uns der Feind zu schaffen machte, so hatten wir doch niemals so sehr mit dem Hunger zu kämpfen als jetzt; denn die Franzosen vernichteten oder verdarben alles auf ihrem Rückzuge, so dass wir uns freuten, wenn wir in einem von den Franzosen verlassenen Lager einzelne Bohnen oder Linsen, die beim Kochen verstreut worden waren, von der Erde auflesen konnten.

Am Morgen des 21.Juni hörten wir schon beim Aufgange der Sonne rechts neben uns auf dem Gebirge Kanonendonner und sahen den Pulverdampf. Unsere Offiziere sagten uns, dass die spanische Armee dort schon mit den Franzosen im Kampfe wäre, wir möchten uns bereit halten und unsere Büchsen instand setzen, wir würden heute noch die Franzosen in die Enge treiben. Wir brachen dann auf und mussten einige Stunden marschieren. Weil wir aber den ganzen Tag noch nichts genossen hatten, fühlten wir uns so matt, dass wir kaum noch fortkonnten; es blieben auch manche von unseren Leuten ohnmächtig am Wege liegen.

Gegen Mittag sahen wir vor uns einen kahlen Hügel, auf welchem unser Generalstab hielt, der von dort aus, wie wir bald erfuhren, das ganze französische Heer übersehen konnte, das im jenseitigen Tale aufgestellt war. Hier war es, wo von Zeit zu Zeit unsere Kommissäre mit einigen Broten, die sie erpresst hatten, herangesprengt kamen. Unser Hauptmann bekam etwa drei- oder viermal ein Brot von der Größe eines Dreigroschenbrotes, womit der dann in der Kompanie umherging und einen jeden, so weit das Brot reichte, ein Stückchen abschnitt, was uns, so wenig es auch war, mit neuem Mute er- füllte.

Als wir am Fuße des kahlen Hügels angekommen waren, sprengte Lord Wellington zu uns herab und rief uns schon aus der Ferne zu: „Von jedem Bataillone die Hälfte vor, zur Erstürmung der Brücke!"

Die vier ersten Kompanien von unserem und die letzten vier Kompanien vom 1.Bataillone rückten sogleich rechts auf die Heerstraße. Ich war herzlich froh, dass wir wieder mal ordentlich mit dem Feinde zusammen sollten und sagte zu meinem Nebenmanne: „Jetz will wi se aber orndtlich in die Rand neihen; wi hebbet se wedder!"

Unsere Kompanie ging voran. Kaum waren wir aber um den Berg herum, so sahen wir vor uns in einer Vertiefung die Brücke, welche durch einen Ver- hau von dicken Bäumen gesperrt war und hinter der vier Kanonen aufge- pflanzt waren, die uns sogleich mit einem prasselnden Kartätschenhagel empfingen. Da wir uns aber schon zum Tiraillieren verteilt hatten und die Kugeln vielfältig vor uns in die Steine schlugen, so hatten wir wenig gelitten. Wir blickten uns aber gegenseitig fragend an; denn hier war ein so brandiger Geruch, dass wir glaubten, unser Zeug brenne. Hinter uns schrie es: „Vor- wärts!" und mit einem „Hurra!" setzten wir in den Verhau und kletterten, da wir ihn nicht durchdringen vermochten, darüber hinweg. Von den oberen Zweigen der Bäume aus aber gaben wir ein so heftiges Feuer auf die Artille- rie, dass unsere Feinde mit einer Kanone davonjagten, während sie die ande- ren im Stich ließen. Die Infanterie, die die Kanonen decken sollte, war indes- sen auch verschwunden.

Da eilten unserer acht, von denen einer, Düwel, der später in Gellersen bei Hameln lebte, vom den Verhau auf die Brücke. Wir stürzten auf die eine Kanone links - was aus den zwei Kanonen rechts geworden ist, habe ich nicht gesehen -, warfen sie um und rissen den Protzkasten auf, weil wir hofften, etwas Brot darin zu finden; aber leider fanden wir nur eine Rolle Tabak darin. Sogleich drangen wir acht tiraillierend vor uns, schossen auf die feindliche Infanterie, die links von der Heerstraße stand.

Plötzlich jagte uns Kavallerie entgegen. Zwei Reiter kamen auf mich los. Ich schoss den einen auf etwa 15 Schritt vom Pferde; der andere hieb auf mich ein mit den Worten: „*Foudre couyon Anglais!*" [19]

Ich parierte dies mit meiner Büchse und rief: „*Foudre couyon Francais!*"

---

[19] „*Foudre couyon Anglais!*" - (franz.) „Verdammter englischer Schurke!

Der Franzose hieb an meinem Büchsenlaufe hinunter und spaltete mir den Knöchel des Zeigefingers an der rechten Hand, was ich aber in dem Augenblicke nicht fühlte. Jetzt drehte er sein Pferd und ich stieß nach ihm, aber vergeblich. Dann kam er wieder auf die rechte Seite, weil er sich wohl vor der Spitze meines Hirschfängers fürchtete und zwang mich dadurch, seine Hiebe mit hohem Kolben zu parieren, wobei er mir den Knochen am Ellenbogen verletzte und tief in das Messing meines Kolbens hieb. Als er sich abermals drehte, sprang ich ihm nach und stach ihn vom Pferde.

Jetzt eilte ich zu meinen Kameraden, von denen einer gefallen sein musste; denn nur sechs hatten sich zu gemeinsamer Sache zusammengeschlossen. Fünf von uns bildeten ein Karree und zwei schossen aus der Mitte manchen Reiter nieder, die fortwährend auf uns ansetzten, aber stets in einiger Entfernung von uns aus Achtung vor unseren Hirschfängern wieder abschwenkten. Wären es unsere Dragoner gewesen, wir hätten nicht mehr fünf Minuten zu leben gehabt. Als unser Bataillon über die Brücke nachrückte, schlossen wir uns demselben an und der Feind zog sich in aller Eile zurück.

Wir zogen dann links am Flusse hinauf und hier ritt ein englisches Reiterregiment, das schon in Vittoria gewesen war, an uns vorbei. Die Leute boten uns Geld an und als wir ihnen sagten, dass sie nur herwerfen möchten, griffen sie in ihre ganz gefüllten Brotbeutel und warfen uns spanische Taler zu, von denen ich in dem Gedränge, das darüber entstand, auch einige erwischte.

Ein anderes Reiterregiment, das dem ersten folgte und ganz mit erbeutetem Brote und Schinken bepackt war, stillte unseren Hunger. Als es dunkel geworden war, legten wir uns auf dem freien Felde nieder und schliefen auf die Anstrengung des Tages recht süß.

Am anderen Morgen mit Sonnenaufgang verfolgten wir den fliehenden Feind ins Gebirge, kamen aber den ganzen Tag nicht zum Schusse, während wir rechts und links von uns auf dem Gebirge Kanonendonner und Kleingewehrfeuer hörten. Nur zuweilen trafen wir ernstlich mit dem Feinde zusammen. Einmal wollte er sich in einem Obstgarten festsetzen, wurde aber von uns hinausgejagt. Ein anderes Mal versuchte er, sich in einem Gebüsche zu halten, wurde aber von uns mit Kolbenschlägen weitergetrieben.

Eines Abends kamen wir in die Nähe einer Stadt und erhielten Befehl, uns zum Stürmen bereit zu halten. Wir wurden hinter eine Mauer dicht bei der Stadt aufgestellt. Als das Feuer, das die Besatzung der Stadt uns entgegensandte, etwas nachgelassen hatte, stürmten wir hervor und kamen unter einem heftigen Kugelregen vor das Tor, welches aber aus starken Bohlen gemacht und fest verschlossen war, so dass wir es vergeblich aus den Angeln zu heben versuchten. Einige von uns schossen oben nach der Mauer, von wo beständig auf uns gefeuert wurde, was aber sogleich aufhörte, als die Unsrigen eine Kanone herbeibrachten, die mit einigen Schüssen das Tor sprengte.

Als unser Bataillon in die Stadt drang, stellten die Einwohner Lichter vor die Fenster und begrüßten uns mit Freudengeschrei. Wir aber eilten im Schnellschritt durch die Stadt und trafen am Ausgange derselben wieder mit den Unsrigen zusammen, die sich um die Stadt gezogen hatten. Von den Franzosen war nichts mehr zu sehen; wir hörten den fliehenden Haufen nur noch in der Ferne und verfolgten ihn mit einigen Schüssen. Da aber die Dunkelheit hereinbrach, so gerieten wir in Unordnung und durften den Feind nicht weiter verfolgen.

Alles schrie durcheinander; der eine rief nach seinem Bataillone, der andere nach seiner Kompanie. Unser Ärger wurde vermehrt, als wir plötzlich von der Seite beschossen wurden. Das taten die falschen Spanier, die uns bei der Erstürmung im Stiche gelassen hatten und ruhig auf der Anhöhe stehen geblieben waren, jetzt aber uns wohl für Franzosen halten mochten. Nachdem unsere Hornisten einige Signale geblasen hatten, hörte das Feuer auf. Wir fanden uns dann wieder in Reih und Glied zusammen und legten uns, wo wir waren, zum Schlafen nieder.

Vielleicht einen Tagesmarsch weiter kamen wir eines Nachmittags an einen sich weit ins Land erstreckenden Hafen. Die feindliche Infanterie, die vor uns stand, suchte sich durch das Wasser zu retten. Wir waren zum Tiraillieren verteilt und ich hatte einen Grenadier vor mir, der noch keine Miene machte, hinüberzugehen. Ich schoss auf ihn; er erwiderte meinen Schuss, allein eine zweite Kugel streckte ihn zu Boden. Ich lief hin, um ihn zu plündern, fand aber nur einige Kupferstücke in seiner Tasche und kehrte dann zu den Meinigen zurück.

Gleich darauf hatte ich das Glück, in der Nähe eines Hauses ein Schwein totzuschießen. Meine Kameraden jubelten mir entgegen, als ich es auf dem Rücken herbeischleppte. Wir zündeten eiligst Feuer an und einige machten sich über das Schwein her, um es zum Kochen zuzubereiten.

Indessen ging ich mit anderen noch weiter nach Lebensmitteln aus. Wir fanden sechs Gänse, schnitten ihnen die Hälse ab und kamen mit dieser reichen Beute zu unserer Kompanie zurück. Jetzt gaben wir das Schwein, nachdem wir einen Schinken davon abgeschnitten hatten, der 2.Kompanie, rupften unsere Gänse, dass uns die Feder um die Ohren flogen, kochten und brieten die ganze Nacht hindurch und ließen es uns gut schmecken.

Am anderen Morgen meinte unser Hauptmann Lindam[20], wir hätten den Leuten aus Bosheit die Betten ausgeschüttelt und wollte uns schelten. Als er aber sah, was für ein Fest wir gefeiert hatten, war er zufrieden; denn das gönnte er uns von Herzen.

Jetzt wurde ich mit sechs Mann an den Hafen geschickt, damit wir untersuchten, ob der Durchgang möglich sei. Wir fanden das Wasser sehr flach und gingen hindurch, um in dem gegenüberliegenden Dorfe Beute zu machen. Allein französische Kavallerie jagte uns wieder hinaus und wir eilten zurück, um bei unserem Hauptmann Meldung zu machen. Alsbald setzte unsere Kavallerie durch das Wasser und wir hinterdrein; der Feind hatte sich aber schon davongemacht.

14.Kapitel
Die Erstürmung von San Sebastian
am 31.August 1813

Nach einigen Tagen kamen wir vor der Festung San Sebastian vorbei und legten uns einige Stunden hinter derselben ins Lager. Hier mochten wir wohl vierzehn Tage gelegen haben, als die Aufforderung kam, dass sich von jeder Kompanie zwei Freiwillige zum Stürmen melden möchten.

Da ich wusste, dass ich zum Pikett stand und deshalb kommandiert werden würde, wenn sich keine Freiwillige meldeten, so sagte ich sogleich zu meinem Hauptmanne: „Ich gehe mit."

Dann forderte ich einen meiner Freunde auf, mit mir zu gehen; er hieß Degener, war auch ein Schuhmacher und einige Stunden hinter Hannover, wenn ich nicht irre, in Langenhagen, zu Hause.

Dieser aber sagte: „Du weißt wohl, wie es bei einem Sturme hergeht; ich habe keine Lust."

„Warum nicht", erwiderte ich, „es ist auch möglich, dass wir gut davonkommen. Wenn es schief geht, so ist es auch einerlei; kommen wir aber hinein, so können wir schöne Beute machen."

---

[20] Ole Lindam. Er trat am 15.Mai 1810 als Unteroffizier in das 2. leichte Linien-Bataillon der Königlich-Deutschen Legion ein. 1811, 1812, 1813 machte der den Feldzug auf der Iberischen Halbinsel, 1813/1814 die Kämpfe in Südfrankreich, 1814 den Feldzug in den Niederlanden und die Schlachten und Gefechte des Jahres 1815 mit. Während der Schlacht von Waterloo wurde er am 18.Juni 1815 schwer verwundet. Er lebte später als Brevet-Major in Devonshire, England.

„Ja", sagte er, „wenn Du mitgehst, so will ich auch mit."

Der Hauptmann schrieb unsere beiden Namen auf und sagte, wir möchten uns bereit halten.

Der Befehl zum Aufbruch kam auch alsbald und 32 Mann von unseren beiden Bataillonen unter der Führung des Hauptmanns Wynecken[21] vom 1. Bataillon, der später als Oberst das Leib-Regiment kommandierte, zogen in der Richtung nach San Sebastian ab. Gegen Abend legten wir uns in einen Grund, der mit Apfelbäumen bepflanzt war, nieder. Während wir uns an den süßen Früchten dieser Bäume labten, zogen von allen Seiten Freiwillige aus der ganzen Armee, die vor der Festung lag, herbei.

Um Mitternacht, als es stockfinster war, gelangten wir nach einem kurzen Marsche an eine erleuchtete Kapelle, in der viele Lager bereitet waren, wahrscheinlich für die, welche bei der Erstürmung verwundet werden würden. In dieser Kapelle wurde uns gesagt, dass wir bald dicht unter die Festung gelangen würden, wo wir auch das kleinste Geräusch vermeiden müssten. Dann krochen wir einzeln durch ein kleines Loch in der Mauer und gelangten in einen Laufgraben, in welchem wir uns niederlegten. Obgleich wir 32 von den beiden leichten Bataillonen samt unserem Hauptmann uns dicht aneinander drängten, so klapperten uns doch vor Frost die Zähne, so kalt war es in dieser Nacht. Alles blieb indessen still um uns herum; nur zuweilen hörten wir in der Höhe über uns die Ablösung der französischen Posten, sahen aber nichts.

Erst als es anfing, hell zu werden, wurden wir gewahr, dass wir in einem fünf Fuß tiefen und sechs Fuß breiten Graben lagen, vor uns den mit Kanonen besetzten Wall, rechts neben uns andere Laufgräben, in welchem auch Leute lagen. Als es hell geworden war, wurde dann und wann über uns eine Kanone abgefeuert. Unsere Spannung stieg mit jedem Augenblicke und die lange, ängstliche Ruhe fing an, uns lästig zu werden. Als die Sonne höher stieg, wurde unsere Lage unausstehlich; denn da wir uns vor den Sonnenstrahlen nicht schützen konnten, so wurde die Hitze unerträglich. Wir tranken wohl einen Schluck Rum, das vermehrte aber nur unsere Qual. Wir durf-

---

[21] Christian Wyneken. Er trat am 20. Dezember 1803 in die Königlich-Deutsche Legion ein, wo er 1805 an der Expedition nach Hannover, 1807/1808 am Feldzug im Baltikum, in den Jahren 1808, 1809, 1811, 1812 und 1813 an den Kämpfen auf der Iberischen Halbinsel, 1809 an der Expedition nach der Scheldemündung, 1813/1814 an den Kämpfen in Südfrankreich, 1814 am Feldzug in den Niederlanden und im Jahre 1815 an den Schlachten und Gefechten teilnahm. Am 25. Juni 1813 wurde er bei Toloza leicht, am 14. April 1814 vor Bayonne leicht und am 18. Juni 1815 in der Schlacht bei Waterloo schwer verwundet. Der zuletzt als Captain im 1. leichten Linien-Bataillon stehende Wyneken diente später als Lieutenant Colonel bei den hannoverschen Land-Dragonern.

ten uns nicht rühren und unsere Langeweile wurde dadurch noch vermehrt, dass wir hell und deutlich in der Stadt die Glocken selbst die Viertelstunden schlagen hörten.

Gegen 11.00 Uhr kam endlich ein englischer Offizier in unseren Graben gekrochen, der den Befehl brachte, dass wir scharf auf die nächste Batterie feuern sollten, sobald wir ein Tuch winken sehen würden. Kaum fingen die Glocken in der Stadt an, elf zu schlagen, so sahen wir das Tuch und im Nu donnerten unsere Kanonen gegen die Festung, dass die Erde bebte. Zugleich prasselte aus den Laufgräben das Feuer der Gewehre. Wir hielten auf die Artilleristen, die oben zum Laden der Kanonen hervorkamen und hemmten dadurch die Wirkung des Geschützes, soweit es in unseren Kräften stand. Hundert Schritte rechts von uns stürmten Engländer und Schotten gegen den Wall und es war da ein lautes Gewühl von Menschen und Pulverdampf.

Zwei Stunden mochte dieser Lärm gebraust, mochten die Kanonen gekracht haben, so arg, dass ich kaum noch hören konnte, was mein Nebenmann mir zuschrie, als ich rechts von uns einen dumpfen Donner in der Erde hörte. Ich sah hin - die vorderen Reihen der Stürmenden rechts von uns flogen in einer dichten Staubwolke etwa zwanzig Fuß hoch in die Luft, die übrigen liefen in ihrer Verwirrung zurück.

In demselben Augenblicke befahl nun unser Hauptmann Wynecken: „Vorwärts!", wir stürmten aus unserem Graben rechts über jene Erde und verstümmelten Leichen der Festung entgegen. Hier lag neben einem dicken Steine ein toter englischer Offizier mit fletschenden Zähnen und Grimm im Gesichte, in der ausgestreckten Hand noch den Degen haltend - ein Anblick, den ich nie vergessen werde.

Dann hörten wir durch den Donner der Kanonen hindurch, die von den englischen Batterien her dicht über unseren Köpfen der Festung entgegen heulten, so dass wir uns zuweilen unwillkürlich bückten, nahe vor uns abermals einen dumpfen Donner. Noch einmal flog die Erde in die Höhe; wir wurden von einer dichten Dampfwolke umhüllt, setzten aber im Sturmschritt über die rauchenden Trümmer und gelangten auf die Mauer, die innerhalb des Walles die Stadt umgab.

Vor uns hatten wir in einer Tiefe von etwa zwanzig Fuß eine sehr schmale Straße, die an der Mauer hinlief und mit Franzosen angefüllt war. Diese sandten ein so scharfes Feuer zu uns herauf, dass wir uns nicht an den Rand der Mauer wagen durften. Geradeaus vor uns konnten wir in die breite Hauptstraße des Ortes hinuntersehen, die ebenfalls dicht besetzt war und von wo aus beständig und mit Erfolg auf uns gefeuert wurde. Wir zogen und deshalb sogleich etwas links, bis uns die Kugeln nicht mehr schaden konnten. In der Wut, hier aufgehalten zu werden, brachen wir Quader aus der Mauer und schleuderten sie den unter uns befindlichen Franzosen auf die Köpfe. Das gab Luft. Ich mochte wohl mit meinem Freunde Degener fünf solcher Steinblöcke hinuntergeworfen haben, als sich die Franzosen unter uns verliefen. Wir zogen uns etwas weiter links und fanden einen Wallaufgang. Sogleich stürmten wir hinunter und drangen unserer zehn Mann schießend gegen die Franzosen ein, die sich vor der Hauptstraße zusammengedrängt hatten, weil diese durch Tonnen, die man mit Steinen und Erde gefüllt hatte, abgesperrt war. Der Haufen mochte wohl noch aus dreißig Mann bestehen; dennoch gingen wir mit gefällter Büchse drauf los. Ich rannte dem Nächsten meinen Hirschfänger durch den Leib und mit dem Ausrufe: *„Mon Dieu, mon Dieu!"*, sank er nieder.

Wir riefen ihnen zu: „Werft eure Gewehre weg!"

Sie taten es und kamen mit den Rufe: *„Pardon, Monsieur!"*, auf uns zu. Wir ließen sie zwischen uns hindurch und die, die hinter uns heranstürmten, werden sie wohl zurückgebracht haben.

Mitten zwischen den Tonnen bemerkten wir nun eine kleine schräg verlaufende Öffnung, die nur einen Mann fassen konnte und durch welche sich die Franzosen nach der Hauptstraße zurückgezogen hatten, aus der die Kugeln nun gegen die Tonnen rasselten, wie wenn bei einer Nagelschmiede zehn Gesellen in voller Tätigkeit hämmern. Wer sich von uns durch die Gasse gewagt hätte, würde sogleich von einer Anzahl Kugeln durchbohrt worden sein. Deshalb stiegen wir auf die Tonnen, deren drei Reihen übereinander standen und wo wir durch die oberste Reihe wie von einer Brustwehr gedeckt waren und feuerten frisch auf den Feind.

Alsbald hatten sich hinter uns ein ganzer Haufen der Unsrigen gesammelt, die uns aufforderten, vorzudringen. Mehrere von uns drängten deshalb mit vereinten Kräften gegen eine Tonne und es gelang uns, sie nach jener Seite hinüberzustürzen.

Als wir vier Tonnen hinabgeworfen hatten, sprangen wir durch die Lücke hinüber, während unsere Freunde rechts und links unausgesetzt feuerten. Unbegreiflich ist es mir bis heute, dass keiner von uns auf den Tonnen erschossen wurde; aber teils standen wir ziemlich gedeckt, teils schossen die Franzosen in ihrer Herzensangst wohl schon sehr unsicher. Wir verteilten uns dann rechts und links an die Häuser, suchten uns gegen die Schüsse der Franzosen in den tiefen Haustüren zu decken und schossen dabei beständig in den dichtgedrängten Haufen des Feindes, der sich langsam zurückzog; denn unsere Schar wuchs mit jedem Augenblicke durch die zahlreich nachdrängenden Engländer.

Nach einigen Minuten hörten wir von den Tonnen her den Befehl, dass wir uns an die Häuser drängen sollten, weil ein Geschütz hinter uns stünde; wir möchten uns aber in Acht nehmen, wenn uns die Leute aus den Fenstern glühendes Öl auf die Köpfe gießen wollten. Wir hörten dann einige Schüsse krachen, die Kugeln heulten an uns vorbei und schlugen Lücken in die Haufen der Franzosen; dann stürmten durch die entstandene Öffnung Hunderte von Engländern in die Hauptstraße. Die Franzosen beschleunigten ihren Rückzug und wir die Verfolgung. Als aber aus einer der Nebenstraßen eine andere Sturmkolonne der Engländer zu uns stieß, riefen die Franzosen: „*Pardon!*" und warfen ihre Gewehre weg.

Wir drangen weiter vor in eine Kirche, die mit Franzosen angefüllt war, die ebenfalls um Pardon baten. Wir drängten uns hier um eine kleine Tür, durch die die Franzosen nach der Zitadelle entschlüpften. Als wir ankamen, wurde die Tür verschlossen. Wir verließen dann die Kirche und mussten uns vor derselben in Haufen aufstellen. Jetzt bemerkten wir erst, dass vom Kastell aus noch heftig geschossen wurde, was unsere Batterie durch eine solche Masse an Kugeln erwiderte, dass die Erde unter uns bebte. Hier traf ich auch meinen Freund Degener wieder. Wir begrüßten uns herzlich und freuten uns, dass wir beide noch munter waren und dass wir den Franzosen die Stadt abgenommen hatten.

Als wir wohl eine Stunde auf dieser Stelle gestanden hatten, wurde uns, da es inzwischen Abend geworden war, ein Haus angewiesen. Auf dem Wege dahin sah ich einen offenen Keller und fast wütend vor Durst stürzte ich hinein. Ich fand einen Becher, zapfte ich voll und trank ihn aus, ohne zu merken, was darin war. Ich hatte wohl ein halbes Quantum Essig getrunken. Der Atem blieb mir stehen, ich musste mich wie vor Schmerzen krümmen und schleppte mich zu dem mir angewiesenen Hause, wo es aber bald besser mit mir wurde, weil schon Wein herbeigeholt worden war. Obgleich wir einen heißen Tag gehabt und die Nacht vorher nicht geschlafen hatten, so blieben wir doch die ganze Nacht munter, erzählten und die Erlebnisse des Tages und tranken dazu den schönsten Wein, der in den Kellern zu finden war und freuten uns auf den anderen Tag, wo die Plünderung beginnen sollte.

Gegen Morgen wurde der Kanonendonner, der die ganze Nacht gar nicht aufgehört hatte, wieder heftiger und ließ nicht nach, so lange wir in der Stadt waren. Gleich mit Tagesanbruch begann die Plünderung, ein Geschäft, wozu es des Befehls nicht bedurfte. Ich ging mit meinem Freunde Degener auf ein großes, schönes Haus zu, fand aber die Tür verschlossen; durch einen Schuss in das Schlüsselloch sprang sie auf. Da wir hier aber nichts fanden, was uns anstand, so sprengten wir noch einige Häuser, in welchen wir jedoch ebenso wenig fanden. Dann kamen wir in ein Kaufmannshaus und erbeuteten etwas Silbergeld. In einem anderen fanden wir einen noch angefüllten Laden. Wir nahmen uns jeder einen tüchtigen Packen Seidenzeug von verschiedenen Sorten und Farben und brachten ihn zu unserem Hause, wo schon ein Korporal zur Bewachung der vielen herangeschleppten Sachen zurückgeblieben war.

Dann kamen wir in ein großes und prachtvolles Haus. Wir stiegen die Treppe hinauf, auf der uns einige Portugiesen begegneten und fanden in einem schönen Zimmer die Leiche eines Mannes, wahrscheinlich den Vater des Mädchens, das daneben auf einem Stuhle saß und von der Mutter gehalten wurde; denn ihm war die Brust durchschnitten und das Blut strömte auf ihr weißes Gewand herab. Ich nahm aus meinem Brotbeutel eine Binde, denn wir hatten deren gewöhnlich zwei für etwaige Verwundung bei uns, und hob ihr den Arm in die Höhe. „*O Signore, Signore*!", sagte sie mit flehender Stimme; die ältere Frau stand wie versteinert daneben.

Aus dem Taschentuche des Mädchens, das schon ganz voll Blut war, machte ich eine Kompresse, legte sie auf die Wunde und band sie mit einer Binde fest, während mein Freund ihr den Arm in die Höhe hielt. Als ich noch damit beschäftigt war, die Binde zu befestigen, kamen etwa zehn Portugiesen herein und fingen an, Scheltwörter auszustoßen.

„Wartet nur", sagte ich, „Euch soll das Donnerwetter holen! Hörst Du nicht, Degener, was die Kerls sagen? Sie schelten uns für Teufel und Spitzbuben. Wenn es vorwärts geht, so sind sie nicht bei der Hand und jetzt haben sie ein großes Maul. Zieh nur gleich vom Leder; wir wollen sie zusammenhauen, dass sie die schwere Not kriegen!"

„Es sind aber viele", wandte mein Freund ein.

„Komm nur her", erwiderte ich, „sollst sehen, wie die Hunde Reißaus nehmen."

Indem war ich fertig und zog meinen Hirschfänger. Wir schlugen dazwischen und es war ein Glück, dass sie sich nicht wehrten; sonst wären sie alle auf dem Platze geblieben. Mit lautem Geschrei und eine blutige Spur zurücklassend, stürzten sie die Treppe hinunter. Wir verfolgten sie bis zur Haustür; dann gingen wir in das Zimmer zurück. Die alte Frau kam uns mit vielen Danksagungen entgegen und lobte mit vielen Worten die Engländer. Wir sagten ihr, dass wir Deutsche wären. Sie holte dann Geldstücke herbei und bat uns mit gefalteten Händen, dass wir bleiben möchten.

„Nein", sagte ich zu Degener, „wir wollen das Geld nicht."

„Wir wollen schon was kriegen", erwiderte jener, und dann eilten wir die Treppe hinunter und aus dem Hause.

Auf der Straße ließ sich kein Einwohner blicken; wir sahen nur Soldaten, die Beute fortschleppten oder suchten. Wenn wir oben in die Häuser kamen, so fanden wir die Bewohner, die gleich mit gefalteten Händen vor uns auf den Knien lagen, aber niemals Geld hatten, wenn wir sie danach fragten. Wir kamen dann noch in manche Häuser, ohne unseren Zweck zu erreichen. In einem Hause fanden wir eine Menge Engländer im heftigen Streite um eine geöffnete Kiste stehen.

Erst bei einem Geistlichen gelang es uns, Geld zu erhaschen. In dessen Hause war schon vor uns geplündert worden; das Zeug lag in der Stube umher, die Kommoden und Schränke waren zerschlagen. Der Geistliche in einem langen, schwarzen Rocke, mit einem Gürtel um den Leib, stand mitten in der Stube und empfing uns mit den Worten: „Die Engländer haben schon alles weggeholt."

Wir sahen aber in der Stube noch eine unversehrte Kommode und verlangten, dass er sie öffnen sollte. Er weigerte sich. Wir nahmen Stühle und schlugen damit gegen die Kommode; allein die Stühle zerbrachen und die Kommode blieb unversehrt. Der Geistliche fing an zu schelten; da zog mein Kamerad den Hirschfänger und ging ihm zu Leibe. Jetzt griff der Mann in die Westentasche und steckte einen Schlüssel in die Kommode. Wir schlossen auf und fanden Wäsche, ein großes Umschlagetuch mit einem spanischen Wappen und eine schildpattene Dose mit goldenem Rande und dem Bildnis des Geistlichen. Als ich diese beiden Stücke in der Hand hatte, wollte er sie mir entreißen; allein mein Freund Degener fasste ihn von hinten und warf ihn zu Boden. Dabei hatte er gemerkt, dass der Herr eine Geldkatze um den Leib trug. Wir entrissen ihm diese mit Gewalt und fanden acht spanische Dublonen darin, von denen jeder von uns vier bekam.

„Jetzt haben wir Geld genug!", sagte ich; wir nahmen das Tuch und die Dose und gingen davon. Das Tuch schenkte ich einer Soldatenfrau, die Dose wurde mir nachher gestohlen.

Auf der Straße begegnete ich meinem Bruder mit einem Maultier. Er war gekommen, um mich zu holen, weil er gehört hatte, dass mir beide Beine abgeschossen wären. Ich packte unser Seidenzeug auf das Maultier und mein Bruder ging mit demselben wieder aus der Stadt.

Indessen war es Abend herangekommen. Wir erpressten von den Einwohnern Lebensmittel, holten Wein aus den Kellern, wovon ein so ungeheurer Vorrat da war, dass wir ihn in acht Tagen nicht würden aufgezehrt haben. Darauf machten wie es uns bequem in unserem Hause, wo sich allmählich sämtliche Kameraden einfanden und ließen es uns gut schmecken. Dann überwältigte uns die Müdigkeit. Wir schliefen ein und ließen uns selbst durch die Kanonade der Zitadelle nicht stören.

Als am folgenden Morgen gegen 11.00 Uhr frische Truppen in die Festung gerückt waren, zogen wir Freiwillige mit Jubeln und Singen aus der Stadt, wobei die Engländer die ganze Straße einnahmen und trunkenen Mutes allerlei Kurzweil trieben. Sie hatten ihre Tschakos mit Bändern dick umwickelt, die bis auf die Erde herabhingen. Der Hintermann trat darauf, der Tschako fiel zur Erde und wurde unter Schelten und Straucheln wieder aufgehoben.

Zuweilen machten wir Halt und tranken einmal, obgleich es schon über den Durst ging; denn wir hatten jeder außer unseren Kantinen einige Flaschen des schönsten Weins in unseren Brotbeuteln. So kamen wir taumelnd und jubelnd vor das Tor. Dort trennten wir uns von den Engländern und zogen in unser etwa zwei Stunden entferntes Lager, ohne von den Kanonen der Zitadelle, die noch beständig in Arbeit waren, belästigt zu werden.

Unsere Kameraden wünschten jetzt alle, mit bei der Erstürmung dabei gewesen zu sein; indessen ließen wir sie an unseren Schätzen teilhaben. Meinen guten Freunden gab ich Zeug zu Westen und kaufte für sie Wein und Rum; denn den in San Sebastian erbeuteten Wein hatten wir auf dem Wege schon ausgetrunken.

An demselben Tage fing ich auch meinen Ausverkauf an. Von den Marketenderfrauen kauften sich jede einige Kleider. Dann stürmten die Bauern haufenweise ins Lager. Für einen spanischen Taler maß ich acht Klafter ab. Ich hatte aber sieben Stück Zeug und auf jedem waren 700 Ellen. Ich löste dabei eine solche Menge Geld, dass mir das Verkaufen endlich zur Last wurde und ich froh war, als es ein Ende nahm.

Aber wie gewonnen, so zerronnen. Das Geld machte mich übermütig. Wozu sollte ich auch sparen; ich wusste ja nicht, ob ich den anderen Tag noch lebte! Allein es ging mir doch zu schnell aus den Händen.

Nicht weit von uns lag das 2.Linien-Bataillon, aus dem zuweilen einige Leute mit den Unsrigen zum Spielen zusammenkamen. Ich hatte noch nie gespielt, aber mein Bruder war dieser Leidenschaft ergeben und überredete mich eines Abends, mitzumachen. Er waren wohl fünf von uns und fünf von der Linie, alle reichlich mit Wein versehen, zusammengekommen. Wir machten in einigen Büschen Feuer an, setzten den Wein darauf und versüßten ihn mit Zucker. Dann breiteten wir Tücher über die Erde und spielten Häufchen, wobei wir jedes Mal eine Guinee[22] auf die Karte setzten.

---

[22] eine Guinee (bis 1816) = 21,45 Mark

Die Leidenschaft des Spiels und die Kraft des Weins machten uns allmählich so sehr berauscht, dass wir nicht mehr wussten, was wir taten. Früh des Morgens wachte ich neben dem erloschenen Feuer auf, mitten zwischen meinen noch schnarchenden Kameraden und zerbrochenen Flaschen. Ich taumelte nach unserem Lager und legte mich in mein Zelt.

Gegen Mittag wurde ich nüchtern. Ich zählte mein Geld nach und fand, dass ich um 2 Dublonen und etwa 60 Taler ärmer geworden war. Über dieses verspielte Geld, besonders aber über den Spott meiner Kameraden und mein übles Befinden nach der durchschwärmten Nacht ärgerte ich mich so sehr, dass ich gelobte, nie wieder zu spielen. Dieses Gelübde habe ich treulich gehalten.

Als ich nach etwa acht Tagen hörte, dass San Sebastian in Flammen stände, nahm ich mir eines Mittags Urlaub und ging mit einigen Kameraden in die Nähe der brennenden Stadt. Ein großes Feuermeer, aus welchem dicke Rauchsäulen emporstiegen, lag vor uns. Einzelne große Gebäude standen noch, aber schon waren die eisernen Geländer oben an denselben glutrot von der Hitze geworden.

15.Kapitel
An der spanisch-französischen Grenze
(Herbst und Winter 1813/1814)

Nach einigen Tagen brachen wir auf und marschierten eine geraume Zeit im Gebirge umher. Wir trafen aber nie ernstlich mit dem Feinde zusammen, weil er gewöhnlich vor uns das Hasenpanier ergriff. Nur eines ernstlichen Angriffs aus dieser Zeit erinnere ich mich.

Unsere beiden Bataillone kamen eines Morgens gegen 10.00 Uhr in ein Gehölz von jungen, schlanken Bäumen, die uns keinen Schutz zu gewähren vermochten, besonders da das Laub schon abgefallen war. Manche dieser Bäume waren von mehreren Kugeln zerrissen und unter ihnen lag eine so große Menge englischer Gewehre, dass wir hätten damit viele Feuer anmachen können. Den meisten der Gewehre waren schon die Kolben abgeschlagen, damit der Feind sie nicht mehr gebrauchen könnte, wenn sie etwa in seine Hände fallen sollten. Zwischen ihnen lagen viele Leichen erschossener Engländer und der ganze Boden war mit Blut bedeckt.

Hier wurden wir sogleich von den Franzosen mit einem starken Feuer empfangen. Diese standen vor uns in einem Walde von dicken Bäumen, der von einer so dichten Dornenhecke umgeben war, dass wir den Feind dahinter nicht sehen, wohl aber von seinen Kugeln getroffen werden konnten. Daher verloren wir manche von den Unsrigen, obgleich wir uns sogleich zum Tiraillieren verteilt hatten. Unsere Zimmerleute mussten nun vor, um durch das Dornengebüsch Lücken zu hauen, wurden aber größtenteils von den Franzosen erschossen oder verwundet. Indessen gelang es uns doch, an einzelnen Stellen durchzukriechen und dann, von den Bäumen gedeckt, ein so wirksames Feuer auf den Feind zu eröffnen. Nach einer Stunde zog er sich aus dem Holze zurück und wurde den ganzen Tag von uns verfolgt.

Am anderen Abend wurden wir in ein Dorf einquartiert. Unsere Kompanie lag in einem großen Hause, in welchem eine Weinpresse war. Kaum waren wir dort angekommen, so zog eine große Schafherde durch das Dorf; ein Schäfer ging vor ihr her, der sich im Vertrauen auf unsere Enthaltsamkeit nicht einmal umsah. Sein Vertrauen wurde aber sehr getäuscht; denn aus allen Häusern kamen Leute hervor und holten sich Schafe. Auch unsere Kompanie hatte vier Stück erbeutet, die wir eiligst hinter der Presse verbargen, worauf wir eifrig anfingen, unsere Sachen zu putzen. Gleich darauf erschien der Adjutant um Nachsuchung zu halten. Er fand uns in emsiger Tätigkeit, wobei wir möglichst viel Lärm machten und aus Leibeskräften sangen, damit er es überhören sollte, wenn uns vielleicht eines der Schafe durch sein Blöken hätte verraten wollen.

Als unser Bataillon bald darauf an der französischen Grenze wieder einmal in ein Dorf gelegt wurde, erhielt ich noch einmal eine Probe von der Hinterlist und der Grausamkeit der Spanier. Wir verlangten von unserem Wirte Wein, bekamen aber die gewöhnliche Antwort, dass er keinen habe. Da unser Oberst Halkett mit im Dorfe lag, so durften wir keine Gewalt gebrauchen und mussten uns damit begnügen, unserem Wirte mit Schlägen zu drohen und ihm so Furcht einzujagen. Wahrscheinlich um uns zu besänftigen, lud er uns ein, mit ihm zu gehen. Er führte uns in einen Keller, wo er aus einer Ecke hinter leeren Fässern zwei Franzosen hervorzog, denen die Köpfe abgeschnitten waren. Triumphierend zeigte er uns die Köpfe und rühmte sich seiner Heldentat.

Da sagte ich ihm mit barschem Tone: „So soll es Dir auch gehen; denn Du darfst keinem Soldaten etwas zu Leide tun!"

Er suchte sich zu rechtfertigen, seine Leuten hätten den Mord verübt, nicht er und die Franzosen taugten nichts. Die Entschuldigung wurde aber nicht angenommen. Wenn er jetzt keinen Wein hergäbe, sagte ich ihm, so wollte ich ihm auch den Hals abschneiden; und damit zog ich meinen Hirschfänger. Das half; er gab gute Worte, führte uns durch eine andere Tür in den Weinkeller und gab uns Wein. Da er aber nicht genug hergeben wollte, so bekam er Prügel und wir drohten, dass wir ihn als Mörder melden würden. Da flehte er um sein Leben und versprach uns Wein, so viel wir haben wollten. Jetzt hatten wir eine fröhliche Nacht und unsere Kameraden in den benachbarten Häusern ebenfalls.

Ein anderes Mal lagen wir im freien Felde und einige von unseren Leuten suchten nach Holz. Da kam ein Mann von unserer Kompanie mit fröhlichem Gesichte zurück; er trug einen Sack voll Wein, über den wir uns gleich hermachten. Da wir aber noch Durst hatten, so gingen wir sämtlich nach dem Sumpfe, aus welchem unser Kamerad den Sack gezogen hatte und fanden noch etwa zwanzig Säcke mit Wein, der dann unter das gesamte Bataillon verteilt wurde. Jeder Mann erhielt eine Kantine voll, ein Glück, das uns nicht allzu häufig zuteil wurde und das wir sehr zu schätzen wussten.

Eine andere Freude bereitete ich in dieser Zeit unserer Kompanie. Wir wurden in ein Dorf einquartiert und ich hatte bemerkt, dass in dem Keller eines benachbarten Hauses, vor welchem eine steinerne Treppe war, ein Schwein saß. Als es dunkel geworden war, ging ich mit meinem Bruder und einem anderen Kameraden nach dem Hause. Wir steckten einen Knüppel, der vor beide Ständer passte, durch den Türring, so dass der Bauer nicht aus dem Hause kommen konnte und während der andere Posten stand, ging ich mit meinem Bruder in den Stall unter dem Hause. Wir hatten uns Schwefel gekauft, zündeten diesen an und wollten das Schwein ersticken, damit es nicht schreien sollte. Als das aber nicht gelang, packte es mein Bruder bei der Gurgel, die ich mit meinem Messer durchschnitt.

„Au!", schrie mein Bruder, „Du schneidest mir ja den Finger ab!"

„Sei nur still", sagte ich, „und mach keinen Lärm; das Schwein ist unser."

Ich hatte gut getroffen; wir nahmen es mit, kochten es noch in derselben Nacht und verteilten die Leckerbissen unter die Kompanie. Am anderen Morgen mag sich der Bauer verwundert haben, als er seine Türe verrammelt und den Stall leer gefunden hat.

Indessen können die Bauern in der dortigen Gegend wohl ein Schwein entbehren, da sie keine schwere Arbeit haben. Wenn sie ihren Weizen ernten, so legen sie ihn auf einen freien Platz im Felde, spannen ihre Maultiere an ein Brett, in das sie auf der Unterseite Feuersteine geschlagen haben und auf welches sie einen Stuhl stellen. In diesem fahren sie ganz bequem auf dem Stroh umher und die Feuersteine reißen das Korn aus den Ähren. Das Reinigen derselben wird ihnen ebenso leicht. An einem ziemlich hohen Ständer befestigen sie einen hölzernen Trichter; da hinein schütten sie das Korn, das aus der unteren Öffnung langsam abläuft. Der Wind treibt den Spreu weg und der Weizen fällt unten zur Erde.

Auch das Gehen machen sich die Leute leicht. Eines Tages trafen wir auf eine große Herde Schafe, bei der einige Schäfer waren, die auf etwa zehn Fuß hohen Stelzen gingen, welche sie sich an die Füße geschnallt hatten; in den Händen hatten sie eine lange Stange. Unser Adjutant ritt auf sie zu und fragte, wie schnell sie mit ihren Stelzen marschieren könnten. Er erhielt zur Antwort: „Eine Stunde in wenigen Minuten."

Dann forderte er einen von ihnen auf, mit ihm zur nächsten Stadt zu gehen. Der Schäfer tat es und unser Adjutant musste, wenn er mitkommen wollte, im Galopp neben ihm herreiten.

Dicht an der französischen Grenze wurden wir eines Abends spät in ein Dorf einquartiert. Ich bat den Wirt, er möchte uns Holz und Wasser besorgen und Feuer anmachen. Aber er war sehr verwegen, zeigte uns den Brunnen und sagte, er habe nicht nötig, uns etwas zu liefern. Wir mussten uns selbst bedienen und da wir unsere Rationen noch nicht hatten, so mussten wir zusehen, wie wir uns Essen verschafften, da der Hunger uns sehr plagte. Einige besorgten Wasser und machten Feuer an, andere gingen zu dem Bauern, sprachen mit ihm und hielten ihn in der Stube fest, die übrigen suchten nach Lebensmitteln im Hause umher. Als diese Mehl gefunden hatten, kochten wir uns Klöße und brieten das Fleisch, das indessen geliefert worden war. Wir schliefen dann einige Stunden und noch vor Tagesanbruch wurden wir geweckt und sammelten uns in der Mitte des Dorfes.

Als unser Bataillon marschfertig war, sagte der Adjutant Riefkugel zum Obersten Halkett, es wäre gut, wenn wir einen Führer hätten, da es noch dunkel sei und wir bald durch das Wasser müssten. Als uns der Adjutant darauf fragte, ob nicht jemand einen Mann wüsste, der uns einen Übergangspunkt über das Wasser zeigen könnte, trat ich vor und sagte: „In dem Quartiere, wo wir gelegen haben, ist der Bauer, der den Weg weiß."

Auch mein Korporal Weißleder, der meine Absicht bemerkt hatte, trat vor und sagte dasselbe. Einige von uns wurden nun abgeschickt, um den Bauern zu holen. Als dieser sich weigerte, mit uns zu gehen, freuten wir uns Gewalt gegen ihn gebrauchen zu dürfen. Wir stießen ihn nicht eben sanft und packten ihn vor die Brust; bald darauf ging er gutwillig mit, als er sah, dass ihm kein Sträuben half.

Als wir bei unserem Bataillon ankamen, sagte der Bauer, er wisse keinen Weg durch das Wasser. Ich wiederholte aber meine frühere Aussage und erreichte meinen Zweck; der Bauer musste mit und wurde so für seine Grobheit in der vergangenen Nacht bestraft. Wir mussten mit dem Bauern unserem Bataillon voraus und erhielten vom Adjutanten den Befehl, ihn ja nicht entwischen zu lassen.

Vielleicht schon nach einer halben Stunde standen wir mit Tagesanbruch an dem Grenzflusse. Wir befahlen dem Bauern, voran ins Wasser zu gehen. Er gab uns gute Worte und sagte, wenn wir wieder einmal bei ihm ins Quartier kämen, so sollten wir soviel Wein trinken, wie wir möchten. Doch das rührte uns nicht und als er sich fortwährend weigerte, zog ich ihm einige mit dem Hirschfänger über den Rücken und der Korporal Weißleder sagte: „Teuf du; hier willt wi deck dat Waterhalen lähren, dat du, wenn mal wedder Dütsche in din Quartier komet, dat du dä better upwahrst.''

Man konnte es indessen unserem Bauern nicht verdenken, dass er sich weigerte; denn am jenseitigen Ufer war eine sanft aufsteigende Höhe, die bis oben hinauf mit Batterien besetzt zu sein schien. Als indessen unser Bataillon herangekommen war, gingen wir, unsern Bauern vor uns her schubsend, ins Wasser. Von den feindlichen Piketts am jenseitigen Ufer fielen einige Flintenschüsse auf uns und der Bauer bückte sich jedes Mal tief ins Wasser.

Jetzt sagte unser Korporal Weißleder, der den Bauern dauern mochte: „Wi willt öhn ganz underduken un dann lopen laten.''

„Nee'', sagte ich, „hei sall mit obert Water un seihen, wie de Franzosen scheitet.''

Das Wasser riss einige von unseren Leuten, die entweder erschossen oder verwundet worden waren, mit sich fort. Kaum waren wir aber am jenseitigen Ufer, so formierten wir kompanieweise Linie. Jetzt konnte ich mich nicht mehr um den Bauern kümmern, der wohl eiligst den Rückzug genommen haben wird; denn die Spanier sind flink auf den Füßen, wenn es ans Ausreißen geht, was ich bei mehreren Gelegenheiten habe beobachten können.

Wir rückten erst langsam vor und erwiderten das Feuer des feindlichen Piketts. Als aber unser ganzes Bataillon in Linie stand, ging es rascher vorwärts. Nun wurde die Anhöhe vor uns lebendig; eine Masse Fußvolks gab eine Salve und stürmte mit „Hurra!'' gegen uns ein. Wir feuerten einmal, steckten unsere Hirschfänger auf und liefen mit einem „Hurra!'' gegen den Feind. Der schien aber keine Lust zu haben, uns in solcher Nähe zu begrüßen, sondern wandte sich zur Flucht und wimmelte in großer Verwirrung, wie ein Ameisenhaufen, den Berg vor uns hinan. Unser Major, Prinz von Reuß[23], jag-

---

[23] Heinrich Prinz von Reuß. Er diente vom 23.Oktober bis 03.November 1812 als Major im 2.leichten Linien-Bataillon der Königlich-Deutschen Legion. Unter dem 30. Dezember 1813 wurde er zum Lieutenant Colonel befördert. Insgesamt machte er 1813 den Feldzug auf der Iberischen Halbinsel und 1814 die Kämpfe in Südfrankreich mit. Während der Kämpfe bei Villafranca wurde er am 24.Juni 1813 schwer

te von seinem Flügel ab unter die fliehenden Franzosen und hieb zwischen ihnen herum. Dann kehrte er zu uns zurück und rief: „Vorwärts, Kameraden! Drauf auf die Hunde!", und hieb dann wieder auf den Feind ein.

Nach einer halben Stunde befanden wir uns nicht mehr weit vom Gipfel des Berges, von wo beständig mit kleinem Gewehr auf uns gefeuert wurde. Wir schickten jetzt auch einige Schüsse hinauf und wandten uns links nach der Höhe, wo sie nicht besetzt war, indem wir unsere Schüsse nach der rechten Seite richteten, wo der Feind stand. Als wir oben angekommen waren, sahen wir vor uns eine Fläche, auf welcher sich der Feind schon regelmäßig zurückzog.

Indessen verfolgten wir ihn den ganzen Tag, wobei unser Bataillon nur die Spitze hatte und beständig mit der feindlichen Nachhut Ku- geln wechselte.

Eines Tages waren wir gegen Abend sehr ermüdet und sahen nicht weit von uns Häuser in Obstgärten liegen, wo sich die Franzosen festgesetzt hatten. Da wir die Nacht dort zubringen sollten, zogen wir uns enger zusammen und griffen den Feind an. Wir gewannen die Gärten im Sturme und feuerten nun, durch die dicken Bäume geschützt, gegen die Häuser, die bald von den Franzosen geräumt wurden.

Hinter den Häusern war in einer Vertiefung ein kleiner Fluss, wo sich der Feind widersetzte und heftig auf uns feuerte. Wir stürmten schon wieder die Anhöhe hinunter, als uns ein Signal zurückrief. Als ich schon zurückging, schoss auf mich ein Grenadier, der noch diesseits des Flusses stand und keine Lust zeigte, seinen fliehenden Kameraden zu folgen. Das ärgerte mich; ich legte meine Büchse an, streckte ihn nieder und lief darauf sogleich zu ihm hinab. Der Mann hatte einen Schuss durch die Brust bekommen. Ich durchsuchte seine Sachen, fand aber nur etwas Kupfergeld und in seinem Tornister schmutzige Wäsche. Ich ließ alles liegen und eilte zu meinen Kameraden zurück.

Da jetzt sehr schlechtes Wetter eintrat, so bezogen wir auf einige Wochen ein Lager auf freiem Felde, was uns gar nicht angenehm war, da wir Langeweile hatten und uns mit unseren Rationen begnügen mussten. Eines Tages hatten wir rechts von uns auf dem Berge eine Herde Kühe und Schafe gesehen und sogleich verabredete ich mich mit einigen Freunden, dass wir diese Nacht auf Beute ausgehen wollten. Es war gegen Mitternacht, als wir, vollständig bewaffnet, aus dem Lager zogen und bergan stiegen. Wir fanden jedoch nur einzelne Häuser ohne Ställe, aber nirgends eine Herde.

---

verwundet. Er quittierte zunächst den Dienst in der Legion, trat am aber 03.Juni 1815 wieder ein. Später trat er in Dienste Österreichs, wurde Generalmajor und kommandierte eine Brigade nahe Prag.

Wir mochten wohl eine Stunde gesucht haben, als wir auf einer Heide eine große Menge kleiner, sehr schöner Pferde ohne Hirten antrafen. Es gelang uns, etwa dreißig von ihnen nach unserem Lager hinabzujagen; einzelne von ihnen liefen freilich immer wieder zwischen uns hindurch nach der großen Herde hin, aber etwa sechzehn Stück trieben wir doch, wenn auch mit großer Anstrengung, in einen tiefen Hohlweg. Ich, mein Bruder und noch ein anderer Kamerad liefen jetzt voraus und kamen von der anderen Seite in den Hohlweg, während die übrigen die Pferde vorwärts trieben.

Als wir den kleinen Tieren nahe kamen, richteten sie sich in die Höhe und sprangen mit den Vorderfüßen auf uns ein. Dennoch fasste jeder eins. Ich packte meins mit beiden Armen um den Hals, warf es zur Erde und mich oben darauf, so dass ihm sein Sträuben nicht mehr viel half. Mein Bruder hatte das seinige ordentlich gefasst und wurde von ihm in den Ellbogen gebissen, dass er vor Schmerzen laut aufschrie. Erst als die Kameraden von der anderen Seite zu Hilfe geeilt waren, wurde sein Tier zu Boden geworfen, worauf es den Arm, der aber noch mehrere Wochen nachher blitzblau war, losließ.

Den übrigen Pferden war es währenddessen gelungen, zu entkommen. Jetzt banden wir den Pferden mit unseren Kantinenriemen die Mäuler zu, unserer zwei fassten jedes Mal eins in die langen Mähnen und so führten wir unsere drei wilden Pferde ins Lager, wo wir sie zu den Maultieren brachten, die die Kessel und Zelte des Bataillons tragen mussten und banden sie daselbst an.

Am anderen Morgen hatten wir erst recht Zeit, unsere Beute zu betrachten. Unsere Pferde waren ganz schwarz, hatten Mähnen, die beinahe die Erde berührten und einen Schweif, der auf der Erde schleppte. Sie waren von der Größe eines kleinen Esels, glatt wie ein Aal und rund wie eine Kugel. Wenn wir ihnen nahe kamen, so richteten sie sich auf den Hinterbeinen in die Höhe und sperrten die Mäuler auf, was so gefährlich aussah, dass wir uns den ganzen Tag nicht an sie heranwagten.

Am anderen Tage aber, als sie schon beinahe 24 Stunden gehungert hatten, zeigten sie sich weniger wild. Wir banden ihnen lange Zeltlinien um den Hals, die wir mit dem anderen Ende an einem Baumstamm befestigten und peitschten sie dann um den Baum herum.

Nach drei Tagen ließen sie sich schon streicheln, etwas später konnten wir schon auf ihnen reiten. Den Offizieren, die uns fragten, woher die Tiere wären, sagten wir, dass sie von uns im Lager aufgefangen seien, die Bauern würden wohl kommen, um sie zurückzufordern, wir wollten aber Fanggeld dafür haben.

Nach einigen Tagen tat ich meinem Pferde eine Trense um und ritt allein mit ihm aus. Anfangs ging das recht gut; als ich aber aus dem Lager war, wurde mein Pferd wild und ging mit mir durch in ein grünes Dornengesträpp, das sehr lange Stacheln hatte und wo mir bald Hören und Sehen verging und mir das Blut von den Händen und Beinen herablief. Vor einer hohen Hecke machte es Halt. Ich sprang ab, prügelte es kräftig und führte es in ein benachbartes Lager, wo unsere Linientruppen lagen. Hier versammelte sich bald eine große Menge Leute um mich; auch einige Offiziere kamen herbei, die ein rechtes Wohlgefallen an dem kleinen Pferde hatten und von denen einer mir vier Taler dafür gab. Ich machte meine Trense ab, steckte mein Geld in die Tasche und eilte trotz der Schmerzen, welche die Dornen verursacht hatten, fröhlich in unser Lager zurück, wo ich das Geld mit meinen Kameraden verjubelte.

In dieser Zeit stand ich einmal in einer ziemlich dunklen Nacht als äußerste Spitze auf Vorposten. Ich befand mich in einem Hohlwege, rechts von mir war ein dichtes Gebüsch. Es war ganz still; nur zuweilen hörte ich in dem Gebüsche ein Rasseln und glaubte, es wäre ein Stück Wild, hielt aber den Punkt gut im Auge. Auf einmal kam ein Mensch zum Vorschein. Ich gab Feuer und sogleich wurde auf der ganzen französischen Vorpostenlinie, vielleicht in der Ausdehnung von einer halben Stunde, gefeuert. Ich zog mich aber, meine Büchse wieder ladend, auf meine zwei Mann Bedeckung zurück. Der Adjutant kam zum Hauptpikett, um Erkundigungen einzuziehen. Als es aber wieder ruhig geworden war, wurde ich auf meinen früheren Posten zurückgebracht.

Am anderen Morgen, als ich wieder denselben Posten hatte, sah ich dicht am Hohlwege vor dem Gebüsche einen *Chasseur britannique*[24] liegen und

[24] Das Regiment der *Chasseurs britannique* entstand ursprünglich aus Teilen der royalistisch französischen *Armée de Conde* im Jahre 1801, die zuerst in russischen Diensten gestanden hatte und dann 1800 in britische Dienste trat. Nachdem sie durch die Engländer in den Mittelmeerraum, Italien und später nach Ägypten geschickt wurden, stationierte man sie 1803 aufgrund vielfacher Desertionen auf der Isle of Wight und anderen Inseln im Ärmelkanal, wo sie durch emigrierte Offiziere und ganze geflohene französische Einheiten verstärkt wurden. Ab Herbst 1810 dienten sie auf der Iberischen Halbinsel und nahmen 1811 an den Schlachten bei Fuentes de Onoro, 1813 bei Vitoria und Sorauren teil. Aufgrund des ständigen Befehls des General Wellington sollten sie niemals Vorposten stellen oder ähnliche Aufgaben übernehmen, die ein Überlaufen zur französischen Seite begünstigen sollte. Nachdem sie beim Sturm auf die Festung Badajoz, wo sie Sturmleitern zum Überqueren der Mauern aufstellen sollten, diese fortwarfen und flohen, wurde die Einheit nach Nordamerika verbracht, wo sie gegen die amerikanische Kontinentalarmee kämpfen sollten. Nachdem sie auch dort durch undiszipliniertes Verhalten und der Plünderung der Stadt Hampton in

hörte dann, er sei ein Deserteur und habe die Dunkelheit der Nacht benutzen wollen, um zum Feinde zu gehen. Diese *Chasseurs britannique* sprachen französisch und waren nicht gut englisch gesinnt. Aber doch tat es mir Leid, ihn totgeschossen zu haben; ich würde ihn haben entschlüpfen lassen, wenn ich ihn gekannt hätte.

16.Kapitel
Die Einschließung von Bayonne
(Februar bis April 1814)

In den folgenden Tagen rückten wir immer näher auf Bayonne zu. Wir schlugen einen Ausfall der Franzosen zurück, wobei aber bloß geschossen wurde und es nicht zum Handgemenge kam; denn die Franzosen mochten wohl keinen rechten Mut mehr haben.

Gleich nach diesem Ausfalle bekamen wir abends gegen 10.00 Uhr den Befehl, wir sollten achtsam sein, weil in dieser Nacht einige Regimenter zu uns übergehen wollten. Ich hatte die vordere Spitze des Piketts und stand dicht vor einem Sumpfe, durch welchen man einen schmalen Fahrweg gemacht hatte. Es war gegen 10.00 Uhr, die Nacht war sternenhell und alles um mich her still. Plötzlich hörte ich jenseits des Sumpfes, wo die feindlichen Piketts standen, ein heftiges Schießen mit kleinem Gewehr und lautes Hurra-Rufen und bald darauf sprengten zwei berittene Offiziere zu mir. Ich rief sie an und erhielt auf Deutsch die Antwort: „Gut Freund, wir sind Landsleute und kommen zu Euch."

Zu gleicher Zeit waren aber auch schon der Adjutant Riefkugel und Oberst Halkett herangeritten und sprachen mit den Offizieren. Währenddessen marschierten im Schnellschritt zwei deutsche Regimenter, wie uns gesagt wurde Nassauer und Rheinländer, an uns vorbei. Jenseits des Sumpfes hörten die Schüsse allmählich auf; dennoch wurde unser Pikett verdoppelt und uns die größte Aufmerksamkeit empfohlen.

Am anderen Tage rückten wir durch den Sumpf und kamen in einen kleinen Föhrenwald, konnten aber immer noch nicht Bayonne sehen. Während hier unterhalb Bayonne einige Kompanien von uns sogleich in Kähnen über den Fluss gesetzt wurden, schlug man für die übrigen eine Schiffsbrücke. Der Feind störte uns nicht bei diesem Übergange und würde es auch schwer gebüßt haben, denn rechts von uns standen vor einem Walde einige Raketen-
Virginia aufgefallen waren, wurden sie 1814 endgültig aufgelöst.

schützen. Jeder von diesen hatte drei etwa zweizöllige Stangen von je 9 Fuß Länge in einem Dreieck vor sich in die Erde gesteckt und oben zusammengebunden, und von der Spitze dieses Gestells hing eine etwa drei Fuß lange Kette herab. An der Erde lagen bei einem jeden Manne wohl zwanzig blecherne Büchsen von vielleicht 1½ Fuß Länge und zwei Zoll Dicke, großen Uhrmachergewichtsstücken ähnlich. Von dieser Teufelswaffe habe ich viel sehr erzählen gehört, ihre Wirkung aber habe ich nie gesehen[25].

Als wir mit unseren Kähnen am anderen Ufer angekommen waren, bog der Hauptmann Wynecken vom 1.Bataillon mit seiner Kompanie von uns ab nach dem Feinde zu. Wir rückten in eine andere Richtung vor und kamen nach einigen Stunden quer über eine Heerstraße und wurden dicht neben derselben in ein Dorf einquartiert. Als wir uns hier an den Hühnern der Bauern gütlich getan hatten, wurden wir bei einem Offizier verklagt und die Sache sollte untersucht werden. Allein von den zehn Mann, die in dem Quartiere gelegen hatten, war ich nach einigen Stunden nur noch allein unter dem Gewehre; die meisten waren gefallen, einige schwer verwundet.

Am anderen Morgen, als es noch dunkel war, rückten wir nämlich weiter und wurden bei Tagesanbruch zwischen einzelnen Häusern aufgestellt. Ich stand am linken Flügel und hatte dicht neben mir links eine Heerstraße. Jenseits derselben erschienen alsbald feindliche Plänkler, die nach uns schossen, deren Feuer wir aber mit gutem Erfolg erwiderten, da wir durch die Häuser gedeckt waren.

Wir hatten vielleicht eine Stunde so gefeuert, als auf der Heerstraße von Bayonne aus eine feindliche Kolonne von etwa einhundert Mann uns entgegenrückte. Wir berieten uns auf dem Flügel, was zu tun sein; die Plänkler waren uns zur Seite, die Kolonne kam von vorn; wir wichen aber zurück, so kamen die Häuser in die Gewalt des Feindes und wir hatten dann nachher die Mühe, ihn wieder aus denselben zu vertreiben. Deshalb riet ich aber, erst die Kolonne ihr Feuer abzulocken und dann im Sturm auf sie loszugehen. Dieser Vorschlag gefiel.

Sogleich traten drei von uns auf die Heerstraße, schossen auf die Kolonne und warfen sich, als sie das Feuer erwiderten, zu Boden. In demselben Augenblicke stürmten wir aber, es war unsere Korporalschaft von etwa 16 Mann unter dem Korporal Steingrand, der später in Hannover lebte, auf die Kolonne los. Fünf Schritte vor dem Feind gaben wir Feuer, was eine große Verwirrung anrichtete, dann stürmten wir mit gefällter Büchse auf ihn ein. Ich rannte gleich dem feindlichem Offizier, der zwei goldene Epauletten hatte, meinen Hirschfänger durch den Leib. Der Mann fiel zu mir ein und ich griff nach

---

25 Gemeint sind hier die Raketengestelle des britischen Artillerie-Offiziers und Ingenieurs Sir William Congreve (*20.05.1772 in Kent; †15.05.1828 in Toulouse), mit den englische Artillerieeinheiten auf der Iberischen Halbinsel ausgerüstet waren.

seinem Degen, der mir ein goldenes Gefäß zu haben schien; mein Nebenmann Düwel, derselbe, der mit mir die Brücke bei Vittoria gestürmt hatte, entriss ihm eine Epaulette. Als die beiden Nebenmänner des Offiziers, die uns für „*couyons Hannovriens*" schalten, nach mir stechen wollten, sprang ich links an den Chausseegraben, strich ihnen aber zugleich mit meinem Hirschfänger durch die Gesichter, dass sie sich umwandten. Indessen stach und hieb mein Nebenmann Düwel auch auf die Franzosen ein, von denen einer ihm einen Stich versetzen wollte. Diesem schlug ich aber auf sein Gewehr und rannte ihm mit dem Hirschfänger in die Seite. Meine übrigen Kameraden hatten sich auch tüchtig gerührt. Das erste Glied der Franzosen war von uns zu Boden geschlagen worden; von dem zweiten Gliede, das sich zur Flucht wandte und bald die ganze Kolonne rückwärts trieb, stach ich ebenfalls einige nieder und ich sah auch, wie mein Nebenmann Kuntze, der bei Hannover zu Hause war, seinen Hirschfänger in die Rücken der Franzosen bohrte, die jetzt in eiliger Flucht vor uns herliefen.

Aber die Freude dauerte nicht lange. Einige hundert Schritte weiter, wo unsere Straße mit der Hauptstraße, die wir gestern überschritten hatten, zusammenlief, wandte sich der flüchtige Feind plötzlich links zwischen einige Häuser und in demselben Augenblicke wurden wir mit Kanonenschüssen und einem mörderischen Kleingewehrfeuer von derselben Seite her, wo vielleicht ein ganzes Regiment hielt, empfangen. Ich sah meine Gefährten stürzen und stand einen Augenblick unschlüssig dar. Dann sprang ich mit einigen Sätzen über die Hauptstraße und wollte mich eben in den Graben werfen, da fiel mein Hintermann König aus Holland mit dem Ausrufe: „Oh Gott!" mir auf den Leib. Mein Freund, der schon jahrelang alle Gefahren mit mir geteilt hatte, lag regungslos neben mir; er hatte einen Schuss durch den Kopf bekommen.

Als wir später in Ostende einrückten, kam seine arme Mutter zu uns und fragte nach ihrem Sohne. Sie schrie und weinte, als ihr gesagt wurde, dass er vor Bayonne geblieben sei und ich musste ihr mehrere Male ausführlich erzählen, wie er gestorben war.

Auf der Ecke, wo die beiden Heerstraßen zusammentrafen lag zwischen denselben ein sehr großer Judenkirchhof, der von allen drei Seiten mit einer 9 bis 10 Fuß hohen Mauer umgeben war, die inwendig aber nur 4 Fuß über den Kirchhof hervorragte. Hier war indessen unser Bataillon eingerückt und gab über die Mauer hin ein scharfes Feuer auf das feindliche Regiment, das von diesem in vollen Lagen erwidert wurde. Ich lud meine Büchse auch wieder und schoss einige Male auf den nur etwa 20 Schritt von mir stehenden Feind. Als sich dieser nach einigen Minuten etwa 30 Schritte zurückzog, benutzte ich diesen Zeitpunkt, sprang auf und lief zu meinem Korporal Steingrand, der gerade da lag, wo die beiden Straßen zusammentrafen. Er bat mich, ihn mitzunehmen. Da aber meine Kameraden vom Kirchhofe riefen, ich möchte eiligst kommen, denn die Franzosen rückten schon wieder vor, so ließ ich ihn liegen und versprach ihm, dass er bald geholt werden sollte, wenn wir den Feind zurückgetrieben hätten. Doch nahm ich aus seinem Brotbeutel noch einige Rollen Geld, die er, wie ich von ihm wusste, gestern für uns bekommen hatte und eilte auf der Hauptstraße zurück.

Indem kamen meine Freunde Düwel und Kuntze aus demselben Graben hervor, in welchem ich gelegen hatte, Düwel konnte noch gehen, er hatte einen Schuss im Arme; aber Kuntze, dem das Bein durchschossen war, hinkte mit Hilfe des Ladestockes und der Büchse fort. Er stützte sich auf meine Schulter und so eilten wir, so schnell es gehen wollte, fort; denn die feindlichen Kugeln pfiffen uns schon wieder um die Ohren. Vielleicht hundert Schritte von der Spitze des Kirchhofes entfernt, fanden wir eine eiserne Tür; sie wurde uns von unseren Kameraden geöffnet und Kuntze und Düwel legten sich inwendig neben die Mauer.

Ich aber eilte zu meinen Kameraden, mit denen ich den ganzen Tag über so fleißig auf den Feind schoss, dass uns mehrere Male Patronen geliefert werden mussten. Recht schmerzlich war es mir, meinen Korporal da hilflos liegen zu sehen und ihn wimmern zu hören, ohne ihm helfen zu können. Einmal versuchten die Franzosen eine Sturm auf unsere Mauer, wobei ein feindlicher Offizier, der diese schon erklettert hatte, von einem der Unsrigen ergriffen sein soll. Gewiss ist, dass wir hier einen Offizier gefangen nahmen, der lange Zeit mit unseren Offizieren aß und den ich später bei Waterloo wieder getroffen habe.

Als sich die Franzosen dann hinter die Häuser zurückgezogen hatten, die an der Straße lagen, wurde es etwas ruhiger. Und da merkte ich nun, dass mir zwei Schüsse durch den Tschako gegangen waren, von denen einer meine Kokarde zerschossen und mir über der Stirn eine leichte Wunde beigebracht hatte, aus der mir etwas Blut, das ich für Schweiß hielt, über das Gesicht floss. Drei Kugeln lagen mir in der Patronentasche und waren an dem Blech so platt gedrückt wie Taler. Einige Kugeln hatten mir die Rockschöße zerrissen, eine andere den Brotbeutel, aus dem die Rollen Geld deshalb schon verschwunden waren.

Als es dunkel geworden war, ließen wir eine Besatzung auf dem Kirchhofe und zogen uns nach den Häusern zurück, von wo aus wir am Morgen den Sturm gemacht hatten. Unsere Kompanie wurde daselbst in eine Kapelle gelegt, in deren Mitte wir ein Feuer anmachten, bloß um uns gegen die Kälte zu schützen; denn zum Kochen fehlten uns Mittel; wir hatten nicht mal ein Stückchen Brot.

Einige hundert Schritte rückwärts stand an der Heerstraße ein großes Haus, in welchem unsere Verwundeten lagen; dahin ging ich noch an demselben Abend, um meine Freunde zu besuchen. Kuntze fand ich nicht und habe ihn nie wieder gesehen, da er einige Tage später starb; aber Düwel lag unter einer Menge Verwundeter, welche schrieen und wimmerten, mit seinem zerschossenen Arme, aus dem die Knochensplitter durch die Uniform hervorstanden. Trotz der heftigen Schmerzen, die er empfinden mochte, war seine erste Frage, ob wir die Franzosen zurückgejagt hätten und dann sprach er seine Freude darüber aus, dass ich glücklich davongekommen sei. Er bat mich, bei ihm zu bleiben, weil ihm der Arm abgenommen werden sollte; aber ich hatte nur einige Minuten Urlaub und war froh, als ich aus diesem Hause des Jammers heraus war.

Nachdem uns in der Kapelle neue Patronen und ein Schluck Rum geliefert worden war, legte ich mich nieder; aber ich konnte nicht schlafen vor Betrübnis, dass ich meine besten Kameraden verloren hatte.

In den folgenden Tagen, an welchen unser Bataillon etwas rückwärts in ein Lager gelegt wurde, hatten wir Ruhe, aber viel Ärger; denn wenn wir auf Feldwache standen, so schossen die Feinde mitunter einen von uns tot, ohne dass wir einen Schuss erwidern durften. Ja, sogar in unserem Lager wurden zwei Leute von der 2. Kompanie in ihrem Zelte von einer Kanonenkugel getötet. Gewöhnlich hatten wir unser Pikett auf dem Judenkirchhofe, von wo ich meinen armen Freund König wohl noch acht Tage in den Graben haben liegen sehen, ohne ihn beerdigen zu können. Es lag da eine große Menge Toter und da die Hitze sehr groß war, so trat die Verwesung schnell ein und verbreitete einen so abscheulichen Geruch, dass wir uns jedes Mal freuten, wenn wir auf diesem Posten abgelöst wurden. Nur die Leiche eines Franzosen, die wohl acht Tage auf dem Judenfriedhofe gelegen hat und auch von vielen unseren Offizieren betrachtet wurde, ging nicht in Verwesung über; die Glieder waren zwar steif, aber das Gesicht blühte wie eine Rose.

Zuweilen mussten wir aber auch rechts von dem Kirchhofe in Laufgräben stehen, wo besonders große Vorsicht nötig war, weil hier am meisten mit langen Büchsen aus der Festung geschossen wurde. Vor diesen Laufgräben, nach der Festung zu, war ein Stück bestelltes Land. Ich vermutete, dass es mit Kartoffeln bepflanzt sei, suchte nach und es gelang mir, eine Mahlzeit herauszufinden, während von der Festung her mehrere Schüsse nach mir gezielt wurden, die mich aber nicht kümmerten, da der Hunger größer war als die Furcht vor dem Tode. Bald nach mir kamen einige Engländer aus den

Gräben rechts und suchten auch nach Kartoffeln und sogleich wurden zwei von ihnen erschossen, die anderen liefen daraufhin wieder zurück.

Ein anderes Mal stand ich hier auf Vorposten in einem Hause, vor welchem ein Blumengarten lag. Hinter diesem in einer Vertiefung standen die französischen Vorposten, mit denen wir uns zuweilen freundschaftlich unterhielten und uns gegenseitig etwas vorlogen - denn die Franzosen litten auch Not! - wie gut wir es hätten und wie reichlich unser Vorrat an Lebensmitteln wäre. Eines Morgens stand ich auch auf diesem Posten, unterhielt mich mit dem Franzosen gegenüber und ging in den Garten, um mir einige Blumen zu pflücken, was mir die Franzosen auch nicht verwehrten. Auf einmal aber gaben drei von ihnen, die sich herbeigeschlichen hatten, Feuer. Die Kugeln sausten an mir vorüber; ich war aber mit einem Satze aus dem Garten und stand vor dem Hause, aus welchem in demselben Augenblicke ein englischer Offizier trat und mir einen derben Verweis erteilte.

Am Nachmittage desselben Tages, als der Ärger über den erhaltenen Verweis und die Hinterlist der Franzosen noch frisch in mir war, sagte ich zu meinem Hauptmann Lindam, der bei dem Pikett war: „Es ist Unrecht, dass wir gar nicht schießen dürfen und die Franzosen feuern immer auf uns, wenn sich einer blicken lässt."

„Aber es soll nicht sein", sagte er, „es ist strenges Verbot."

„Ich lasse es doch nicht, wenn ich einen erwische", war darauf meine Antwort.

Der Hauptmann drehte sich um und ging weg, ohne mir zu antworten. Da ich das halbe Jawort zu haben glaubte, nahm ich meine Büchse und schlich mich in einem der Laufgräben näher an die Festung. Ein einzeln stehendes Haus vor derselben war von den Franzosen besetzt. Aus diesem hatte schon seit einigen Tagen ein französischer Offizier mit einer langen Büchse von Zeit zu Zeit nach uns geschossen; den nahm ich nun aufs Korn. Ich hatte den Schuss aus meiner Büchse gezogen, doppeltes Pulver genommen, eine Kugel mit Pflaster darauf gesetzt und legte mich so auf die Lauer, nachdem ich noch eine Strecke näher hinter eine kleine Anhöhe gekrochen war.

Wohl eine Stunde mochte ich so gelegen haben, da kam der Offizier ans Fenster, legte seine Büchse zurecht und zielte. Ich drückte ab und im Augenblick sah ich mit unbeschreiblicher Freude meinen Mann aus dem Fenster stürzen. Ich eilte zurück, blieb aber im Laufgraben liegen, weil ich sah, dass unsere Kompanie antreten musste. Sogleich kam der Adjutant Riefkugel und der Brigademajor und hielten Nachfrage. Sie gingen aber fort, als ihnen unser Hauptmann gesagt hatte, dass hier nichts passiert sei. Als sie fort waren, kroch ich aus dem Laufgraben hervor und bekam von dem Hauptmann einen

Verweis. Da ich ihm aber ansah, wie er sich freute, dass er den Offizier hatte aus dem Fenster stürzen sehen, so erwiderte ich: „Der Kerl schießt nicht wieder!"

Als nach der Übergabe von Bayonne einige Deutsche von der Besatzung in unser Lager kamen, erkundigten sie sich, wer den Schuss auf den Offizier getan hätte. Ich wurde gerufen und nun erzählten sie mir, dass sie gerade in der Stube am Tische gesessen hätten; meine Kugel wäre durch die Schale gedrungen und die ganze Suppe wäre ihnen auf den Tisch geflossen.

Kurz vor der Übergabe von Bayonne hatten wir noch einen harten Kampf. Als schon das Gerücht ging, dass der Frieden abgeschlossen sei, wurde unser Dienst leichter; die Vorposten wurden noch ordentlich besetzt, aber wir brauchten nicht mehr die Nächte auf der Heerstraße aufmarschiert zu stehen und am Tage Faschinen zu tragen, ein Dienst, den wir nicht lange mehr ausgehalten haben würden.

Schon hofften wir, die Feindseligkeiten seien beendigt und unsere Arbeit sei getan, als wir in einer Nacht, als unser halbes Bataillon auf Feldwache stand und wir übrigen im Lager waren, gegen Morgen geweckt wurden. Wir traten alsbald unter das Gewehr und hörten ein heftiges Feuern auf der anderen Seite der Stadt. Nicht lange, so brach es bar auch auf unserer Seite los, ein furchtbarer Kanonendonner, ein heftiges Schießen mit dem kleinen Gewehr und ein lautes Rufen und Schreien. Sogleich eilten wir im Laufschritt unserem Pikett zu Hilfe und stellten uns auf der Heerstraße neben dem Judenkirchhofe auf. Hier war es, wo der Hauptmann Wynecken von unserem Bataillon, der später als pensionierter Oberst in Celle lebte, einer unserer besten Offiziere, den wir alle achteten und liebten, zu unserem großen Betrübnis schwer verwundet an uns vorbeigetragen wurde.

Obgleich wir noch nicht recht zum Kampf gekommen waren, da unser Pikett noch eine Strecke von uns stand, so hatten wir doch von dem Kartätschenfeuer der Festung viel zu leiden; denn der Feind, der unsere Stellung sehr gut beobachten konnte, warf beständig Pechkränze zwischen uns. Auch einzelne Bomben, die wie feurige Räder durch die Luft flogen, fielen bei uns nieder, wühlten Löcher in die Erde und zerplatzten mit furchtbarem Gekrache. Indessen schadeten sie uns nicht, da wir teils hinter benachbarte Häuser liefen, teils uns zur Erde warfen, wenn ein solches Ungetüm uns zu nahe kam.

Als wir etwas vorgerückt waren, ließ das Feuer unseres Piketts, das vor uns in einem Hohlwege stand, nach. Da hörte ich den Kommandeur sagen: „Ich weiß nicht, was das heißt; ich sehe vorn unsere Leute im Hohlwege liegen, aber sie feuern nicht."

Sogleich eilte der Adjutant Riefkugel durch den brausenden Kartätschen-hagel voraus, kam zurück und brachte die Nachricht, dass unsere Leute im Hohlwege fast sämtlich schon gefallen wären. Jetzt rückten wir im Lauf-schritt in den Hohlweg, wo wir den Hauptmann Holtzermann, der später Oberst und Stadtkommandant in Hameln war, mit dem Überreste seiner Kompanie im heftigsten Feuer fanden. Durch unsere Ankunft wurde dieser Posten bedeutend verstärkt; nichtsdestoweniger machte die vor uns stehende feindliche Infanterie zuweilen einen Anlauf, drang aber nie bis zu unseren Hirschfängern vor, so dass uns ein solcher Angriff nur Erleichterung gewähr-te, weil während desselben das Feuern mit Kartätschen aufhörte, die sonst fast unausgesetzt wie eine Schar Feldhühner zwischen uns hindurchschwirr-ten.

Mit dem Tagesanbruch zog sich der Feind zurück; die Geschütze schwie-gen und wir konnten das Leichenfeld um uns her übersehen. Freund und Feind lag durcheinander, die Verwundeten wimmerten und baten um Hilfe. Wir hatten eine Zeit lang so gestanden, in der Erwartung, dass der Feind sei-nen Angriff erneuern würde, als auf dem höchsten Turme der Zitadelle die weiße Fahne aufgezogen wurde. Es war nun Frieden. Die Franzosen hatten noch einmal ihr Mütchen gekühlt, aber es war ihnen teuer zu stehen gekom-men; denn als wir einige Stunden später unsere Toten zusammentragen mussten hatten die Franzosen wenigstens auf unserer Stelle einen nicht ge-ringeren Haufen als wir. Dann wurden drei Löcher gemacht, von der Größe einer gewöhnlichen Wohnstube. Wir packten die Toten schichtweise hinein, streuten jedes Mal ungelöschten Kalk dazwischen und warfen dann die Gru-ben wieder zu. Büchsen, Hirschfänger, Patronentaschen und Tornister wur-den zurückgebracht. Schon vorher hatten wir die Verwundeten auf Wagen in das Lazarett gefahren.

Wir standen jetzt noch etwa vierzehn Tage vor Bayonne und hatten Ruhe. Das schöne Degengefäß, das ich von dem französischen Offizier erbeutet hatte, wurde von meinen Kameraden bewundert. Selbst die Offiziere hielten es für ein goldenes und deshalb gab mir unser Marketender, der ein Jude war, 22 Taler dafür, eine Summe, die mir gut zustatten kam; denn wir hatten lan-ge keine Löhnung mehr bekommen und mein Geld von San Sebastian war längst aufgezehrt. Freilich wollte der Marketender nach einigen Tagen sein Geld wieder haben, weil das Gefäß nicht von Gold sei; aber ich lachte ihn aus und sagte, wenn er betrogen sei, so habe mich der französische Offizier auch betrogen.

Meine 22 Taler taten indessen treffliche Dienste. Zuweilen kamen die Franzosen aus Bayonne, um uns zu besuchen. Ich zog dann meinen Beutel aus der Tasche, klimperte mit dem vielen Gelde und ließ eine Flasche Wein holen. Darauf forderte ich einen meiner Kameraden auf, ein gleiches zu tun, nachdem ich ihm vorher meinen Geldbeutel zugesteckt hatte, mit dem er denn auch großtat. So ging es auf die Reihe und die Franzosen staunten über unseren Reichtum.

Eines Tages kam auch ein Landsmann von mir, Junge aus Hameln, mit dem ich schon als Knabe gespielt hatte und der sich bei den Franzosen hatte annehmen lassen, weil er als Schneiderlehrling seinem Meister eine Wurst gestohlen hatte und aus Furcht vor der Strafe ausgekniffen war. Diesem gefiel das Leben bei uns so sehr, dass er desertieren und mit uns nach England gehen wollte; indessen führte er seinen Entschluss aber nicht aus.

Einige Tage später ging ich nach Bayonne hinein; aber es musste heimlich geschehen, da es uns verboten war, weil unsere Leute schon manche Schlägerei mit den Franzosen in der Stadt gehabt hatten. Der Bediente unseres Adjutanten hatte mir seine Kleider geliehen und aus Vorsicht schnallte ich meinen Hirschfänger unter. Ohne angehalten zu werden, kam ich hinein, ging in das Theater und traf daselbst die Frau eines Unteroffiziers, die Tochter eines Werkmeisters in Hameln, die sich sehr freute, einen Landsmann zu finden.

Nach dem Theater ging ich mit ihr und ihrem Manne in ein Weinhaus, wo wir noch einige Stunden unter angenehmen Erinnerungen verplauderten. Erst nach Mitternacht kam ich aus dem Tore und eilte mit raschem Schritte unserem Lager zu.

Als ich durch eine Vertiefung kam, hörte ich hinter mir lautes Getrappel und ging zur Seite. Bald aber erblickte ich statt eines Pferdes zwei Portugiesen mit aufgehobenen Knüppeln vor mir.

„Was wollt ihr?", fragte ich.

„Du bist ein Franzose", sagte einer.

„Ich bin ein deutscher Jäger", war meine Antwort.

In demselben Augenblick bemerkte ich zwei weitere Portugiesen von der entgegengesetzten Seite, weshalb ich etwas zurücktrat, um mir den Rücken frei zu halten. Gern hätte ich meinen Hirschfänger gezogen, konnte es aber nicht unbemerkt, weil er festgeknüpft war.

Da kam mir die Frage des einen Portugiesen: „Hast du Geld?" sehr gelegen.

„Ja", erwiderte ich und knüpfte den Rock auf, hatte aber auch in demselben Augenblicke meinen Hirschfänger blank und versetzte damit einem der Portugiesen einen tüchtigen Hieb durch das Gesicht, so dass er niederstürzte. Dem zweitem, der nach mir schlug, hieb ich durch den Arm; da nahm er samt den beiden anderen Reißaus.

Dann zog ich dem, der auf dem Boden lag, vier tüchtige Hiebe mit der flachen Klinge vor den Lenden her, dass er vor Schmerz laut heulte und machte mich dann davon. Durch den Hohlweg, wo wir in der schrecklichen Nacht gestanden hatten und an dem Kirchhofe vorbei gelangte ich zu meinen Kameraden.

Gern hätte ich mein Abenteuer zur Anzeige gebracht; denn diese hundsföttischen Portugiesen, die ich so gut gezeichnet hatte, waren gewiss wieder aufzufinden. Aber es war uns bei dreihundert Stripsen verboten, nach Bayonne zu gehen und deshalb schwieg ich still.

Einige Tage später ging ich in das Lazarett, um meinen Freund Düwel zu besuchen; dort erkundigte ich mich vergeblich nach ihm. Da trat ich aus der Hintertüre wieder ins Freie und sah da eine Menge abgeschnittener Beine und Arme liegen. Wie gehetzt eilte ich davon.

17.Kapitel
Auf Urlaub in der Heimat

Von Bayonne marschierten wir Anfang Juni nach Bordeaux und bezogen dort ein großes Lager, wo wir recht viel Vergnügen hatten. Wir bekamen hier nämlich für die letzten neun Monate unseren Sold ausbezahlt und hatten Gelegenheit, unser Geld an den Mann zu bringen, weil viele Zelte mit Esswaren und Getränken aufgeschlagen waren; auch Seiltänzer und Kunstreiter hatten sich eingefunden und die Bauern aus der Umgebung hatten ganze Reihen von Wein herbeigebracht. Wir brauchten nur wenig zu exerzieren, konnten uns von den Strapazen des spanischen Feldzuges erholen und freuten uns auf das Leben in England, wohin wir, wie es hieß, gebracht werden sollten.

Im Sommer des Jahres 1814 wurde unser 2.Bataillon auf einem Dreidecker, dem größten Schiff der englischen Flotte, wie man uns sagte, eingeschifft. Der Admiral wohnte in einer Stube, so groß, wie ein Saal und so schön, wie ich sie nur in Madrid und San Sebastian gesehen habe. Auf jeder Seite des Schiffes lagen drei Reihen Kanonen und dreihundert Matrosen und dreihundert Schiffssoldaten taten Dienste. Es befanden sich auf diesem Schiffe Kühe, Schweine, Gänse und Hühner. Die Matrosen standen unter strenger Zucht. Ich habe oft gesehen, wie demjenigen Matrosen, der zuletzt aus dem Raume hervorkam, wenn gepfiffen wurde, vom Bootsmanne einige mit dem Tauende aufgezählt wurden.

Bei schönem Wetter mussten sie oben in den Tauen zur Übung klettern, wobei wir oft stundenlang zusehen durften. Größtenteils mussten wir aber im unteren Raume bleiben, weil wir auf dem Verdecke den Matrosen in ihrer Arbeit hinderlich gewesen sein würden.

Bald nach unserer Landung in England wurden wir wieder nach den Niederlanden eingeschifft, wo ich aber nur acht Tage beim Bataillon blieb; denn alle, die jenseits des Rheins zu Hause waren, konnten ihren Abschied oder Urlaub bekommen. Ich und der Korporal Weiß-leder nahmen Urlaub. Wir mussten unsere Büchse und Tasche abgeben und wanderten, unseren Hirschfänger an der Seite, nach der Heimat.

Am zweiten Tage trafen wir mit einem Juden zusammen, der mehrere Tage mit uns marschierte. Anfangs war er sehr zurückhaltend; am dritten Tage aber, als er Zutrauen zu uns gefasst hatte sagte er, dass er dreihundert Taler bei sich habe und dass er uns in seinem Hause, wo wir bald sein würden, ein Frühstück vorsetzen wolle, weil wir ihm so gute Reisegefährten gewesen wären. Es ließ uns wirklich eine große Rotwurst holen und ein gutes Glas Rum dazu; außerdem bezahlte er noch die Fahrt, die wir zu Schiffe weiter fortsetzten.

Wir kamen dann in eine Stadt, deren Namen ich vergessen habe. Als uns der Name des Kommandanten genannt wurde, verfärbte sich mein Korporal und sagte: „Jetzt bin ich verloren! Das ist mein Major gewesen, als ich noch in holländischen Diensten war. Ich bin von ihm desertiert und der Mann erkennt mich wieder."

Indessen befreite ich ihn von seiner Angst, nahm die beiden Pässe, gab mich für den Korporal Weißleder aus und ließ sie bescheinigen. Mein Freund erwartete mich indes in der Angst seines Herzens und dann gingen wir eiligst weiter.

Es war noch in Holland, dass wir uns eines Tages für Geld einen Wagen nahmen und im nächsten Dorfe vor dem Hause des Bauernmeisters fahren ließen. Hier zeigte Weißleder eine Schrift vor, in welcher stand, dass wir von Hannover Rekruten holen sollten, worauf uns der Bauernmeister einen Wagen gab. So ließen wir uns bis Osnabrück Wagen liefern; dann wagten wir aber von unserer Schrift weiter keinen Gebrauch mehr zu machen.

Nach einigen Tage kam ich in meiner Vaterstadt an, als es dunkel geworden war. Ich trat in das Haus meiner Eltern, meldete mich mit rauer Stimme als einen guten Freund ihres Sohnes und brachte Grüße von ihm. Aber meine Mutter stand sogleich auf und umarmte mich. Die Freude im Hause war groß. Die Nachbarn kamen herbei, um mich zu sehen; sie bewiesen mir große Achtung und verlangten, dass ich unaufhörlich erzählen sollte, was mir schrecklich sauer wurde. Selbst mein Vater behandelte mich mit großer Aufmerksamkeit; er wäre selbst 23 Jahre lang hannoverscher Soldat gewesen, aber solche Taten, meinte er, hätten sie nicht getan.

Dann erzählte er mir, wie er und mehrere andere Väter vor mehreren Jahren hätten nach dem Rathause kommen müssen, wo ihnen befohlen worden wäre, ihre Kinder herbeizuschaffen.

„Die meinigen", hatte er gesagt, „sind in englischen Diensten; ich hätte sie selbst gerne hier, aber die Engländer werden sie mir wohl nicht verabfolgen lassen; der Herr Kommissär habe vielleicht die Güte, einen Gendarmen hinzuschicken."

Da sei er von dem französischen Herren hinausgejagt worden.

Nach vierzehn Tagen nahm ich von meinen Eltern Abschied, in der Hoffnung, dass wir uns bald wieder sehen würden. In Pyrmont traf ich mit Korporal Weißleder wieder zusammen und marschierte mit ihm nach Lemgo. Hier besuchte ich meinen alten Meister, ferner den Sohn des Weißgerbers Müller und den Gesellen, bei dem mich früher eine Nacht verborgen gehalten hatte. Gegen 08.00 Uhr abends ging ich mit Müller in Jakobsens Wirtshaus, wo wir ein Glas Rum tranken. Es befanden sich in der Stube auch einige Lippesche Soldaten, die untereinander sprachen, aber so, dass ich es nicht verstand. Mein Freund Müller forderte mich aber alsbald auf, mit ihm zu gehen, weil die Soldaten, die es noch immer in ihren Herzen mit den Franzosen hielten, mir zu Leibe rücken wollten.

Als wir auf die Straße kamen, war es schon sehr dunkel. Wir fassten uns unter und eilten fort. Auf einmal bekam ich von hinten mit einem Knüppel einen Hieb in den Nacken; mein Tschako fiel mir vom Kopfe und Müller lief davon. Als ich meinen Tschako wieder ausgesetzt hatte, kamen zwei Leute mit Säbeln auf mich los. Dem ersten schlug ich die Klinge aus der Hand und dem zweiten rannte ich meinen Hirschfänger durch den Leib, so dass er laut aufschrie und niederstürzte. Ich wischte meine Klinge ab, steckte sie in die Scheide und ging in mein Quartier.

Kaum war ich da, so erschien die Wache und fragte, wer von uns beiden den Mann erstochen habe. „Das habe ich getan!", war meine Antwort. Man verlangte meinen Degen; ich verweigerte ihn. Der Korporal der Wache trat vor und drohte, er werde mich sogleich niederstechen lassen, wenn ich nicht gehorchte. Ich drohte ihm meinerseits, wenn er mir nicht vom Leibe bliebe.

„Ich will mit Euch nach der Wache gehen", sagte ich dann; „aber meinen Hirschfänger behalte ich; denn ich will mich nicht von Euch misshandeln lassen. Wer mir nur zu nahe kommt, den haue ich kurz und klein!"

Da trat Weißleder vor, hängte seinen Hirschfänger um und sagte: „Ich will ihn in die Wache bringen; der Erste aber, der sich an uns vergreift, ist ein Kind des Todes!"

Wir gingen dann nach der Wache; der Lippesche Korporal folgte uns mit seinen Leuten. Dort übergab ich dem Sergeanten meinen Hirschfänger und musste die Nacht da bleiben.

Am anderen Morgen wurde ich vor den Kommandanten geführt, der mir sagte, dass der Tambour, den ich gestern erstochen hätte, wahrscheinlich sterben würde und dass ich dann auch sterben müsste. Ich erwiderte, dass ich gar nicht bange sei; man habe mich mit Mordwaffen angefallen und dazu stände ich unter englischem Schutze; man dürfe mich gar nicht richten. Der Kommandant verwies mir meine Worte, rief den Korporal und ließ mich wieder in die Wache bringen.

Aber schon am folgenden Morgen um 08.00 Uhr wurde ich wieder herausgeholt. Es standen da sechs Mann und ein Korporal, die vor meinen Augen ihre Flinten luden. Dann sagte mir der Adjutant, ich sähe dass die sechs Mann geladen hätten; wenn ich unterwegs Miene machen sollte, zu entfliehen, so würden mir sechs Kugeln nachgeschickt. Ich erwiderte, dass ich mir aus sechs Kugeln nicht viel machte; mir wären schon viel mehr um die Ohren gepfiffen. Da gebot er mir Stillschweigen.

Noch an demselben Tage, als es dunkel wurde, kamen wir in Hameln an und ich wurde zum Kommandanten von Bülow gebracht, der sich wunderte, mich so wieder zu sehen. Nachdem ich ihm die Geschichte erzählt und er etwas unter das Papier des Korporals geschrieben hatte, sagte er zu diesem: „Geh hin, übergib das Papier und grüß' Deine Fürstin!"

Und zu mir gewandt, sagte er noch in des Korporals Gegenwart: „Du kommst nun beim Schuhmacher Hupe ins Quartier."

Ich bat aber, in der Wache bleiben zu dürfen und so bald als möglich weggeschickt zu werden, damit meine Eltern nichts erführen. Er gewährte mir die Bitte und nach zwei Tagen wurde ich mit zwei Unteroffizieren des Bataillons Hameln, Pertz und Schlemm, nach Hannover geschickt.

Nachdem ich hier acht Tage auf dem Cleve-Tor gesessen hatte, wo ich meine Rationen regelmäßig geliefert bekam, marschierte ich mit einem Transporte von 50 Armaturwagen und 150 Mann, unter dem Befehl des Majors von Struve, nach Brabant. Es war schon spät in der Jahreszeit, denn der Schnee war schon einen Fuß hoch gefallen. Obgleich ich Arrestant war, so mochte ich doch nicht gerne bei den Landwehrsoldaten sein, die rote Röcke trugen, sondern hielt mich zu einer kleinen Abteilung Beaulieuscher Jäger, die mich gern bei sich hatten und sich viel von mir erzählen ließen.

Im Holländischen hatten wir statt der 50 Wagen 250 Karren nötig, die schwer zu requirieren waren. Kurz vor Antwerpen fehlten uns noch einige Karren; ich wurde mit einem Beaulieuschen Jäger danach ausgeschickt, als der Haupttransport schon weiterzog. Wir kamen deshalb erst zwei Stunden später in Antwerpen an, wo uns der Major Struve mit Besorgnis entgegenritt und mir befahl, mich auf der Hauptwache zu melden.

Hier wurde mehrere Tage nicht nach mir gefragt; auch bekam ich keine Rationen, obgleich ich den wachhabenden Sergeanten mehrere Male darum gebeten hatte. Es fehlte mir aber doch an nichts, weil ich teils noch mit Geld versehen war, teils mich die Kameraden von der Landwehr mitessen ließen, wofür ich ihnen unaufhörlich erzählen musste.

Endlich erfuhr ich, dass in Antwerpen ein Korporal von unserem Bataillone sei. Ich ließ ich bei ihm melden und wurde schon am anderen Tage mit einem Transporte nach Brüssel geschickt. Dicht vor den Toren dieser Stadt kam uns der Adjutant Riefkugel entgegen, der spazieren ritt. Er fragte mich, wo ich so lange gewesen sei.

„Auf Urlaub", war meine Antwort, „aber ich wollte nur, dass ich Deutschland nicht gesehen hätte; denn dort ist es mir schlecht ergangen."

„Das wissen wir schon", sagte er darauf, „morgen wirst Du hängen!"

„Nun", erwiderte ich, „der Strick wird noch nicht gedreht sein!"

Lachend ritt er weiter.

Ich mochte wohl eine Stunde in der Wache gewesen sein - es war 02.00 Uhr nachmittags, die Parade war eben vorbei -, da wurde ich zum Oberst Halkett gebracht. In dem Vorzimmer war unser Regimentszahlmeister, dem ich mein Abenteuer in Deutschland erzählen musste, wofür ich von ihm einen Taler erhielt.

Als ich zum Oberst Halkett hineingetreten war, fragte er mich sorgfältig aus und sagte dann: „Ich hoffe, dass mir so etwas nicht passiert; man kennt Dich schon. Da hast Du einen Taler; aber Du gehst heute nicht aus der Kaserne!"

Von meiner Kompanie wurde ich mit Jubel empfangen; besonders freute sich der Korporal Weißleder, mich wieder zu sehen. Man trank mir ein „Willkommen" entgegen und ich ließ mich auch nicht lumpen. Es wurde Wein geholt und mehr als die zwei Taler, die mir eben geschenkt worden waren, gingen an dem Tage drauf.

18.Kapitel
Die Verteidigung des Pachthofes La Haye-Saint in der Schlacht bei Waterloo am 18.Juni 1815

In diesem Winter 1814 auf 1815 und im Frühjahr 1815 lagen wir in mehreren Städten Belgiens und hatten ein lustiges Leben; denn wir bekamen jeden Tag über 16 Mariengroschen[26] Löhnung. Das dauerte bis in die Mitte des Juni.

Am 16.Juni nachmittags bekamen wir Befehl, uns bereit zu halten; wir sollten sogleich marschieren. Gegen Abend hörten wir in weiter Ferne das Grummeln der Kanonen und wunderten uns, weil wir von der Nähe des Feindes noch nichts gehört hatten. Mit der Dämmerung brachen wir auf und marschierten die ganze Nacht hindurch.

In der Dämmerung des folgenden Morgens kam eine Marketenderfrau aus Hameln zu uns; sie hieß Ehlers Wieschen und hatte einen Mann namens Pieper geheiratet. Sie fragte nach ihrem Mann; ich konnte ihr nicht sagen, wo er war, ließ mir aber ein Maß Rum von ihr in die Kantine geben, wofür sie aus landsmännischer Freundschaft hartnäckig die Bezahlung verweigerte.

Beim Anbruche des Tages wurden wir in einem Hohlwege postiert, von wo wir uns bald links zogen und auf das Schlachtfeld kamen, wo am Tage vorher die Braunschweiger so sehr gelitten hatten. Es war ein entsetzliches Leichenfeld, das im eigentlichen Sinne des Wortes im Blute schwamm, das uns bei jedem Schritte bis über die Knöchel ging. Dann zogen wir uns um ein Holz, in welchem der Feind sein sollte und verteilten uns zum Tiraillieren, bekamen aber Befehl, uns zurückzuziehen[27].

---

[26] 1 Mariengroschen = 8 Pfennig
[27] Der Verfasser beschreibt hier das Schlachtfeld von Le Quatre-Bras, wo am 16.Juni 1815 französische Einheiten unter Marschall Ney auf die britisch-niederländisch-deutschen Truppen unter dem Befehl des Prinzen von Oranien trafen.

Nach einer halben Stunde, es mochte wohl 04.00 Uhr sein, wurde es plötzlich finster wie in der Nacht, Blitze erleuchteten die Dunkelheit und das Krachen des Donners begleitete das Brüllen der Kanonen. Wir drängten uns so eng zusammen, dass wir hätten, in einer großen Stube Platz finden können und ließen den Regen auf uns herabströmen, der so heftig war, dass wir bald bis an die Knie im Wasser standen.

Als der furchtbare Regen etwas nachgelassen hatte, zogen wir uns über die Heerstraße, auf der unsere Kavallerie an uns vorbei gegen den Feind rückte. In der Zeit von einer Stunde drang unsere Kavallerie drei Mal vor und kam drei Mal wieder zurück. Sie war aber so voll Dreck, dass wir die Farbe der Montierung nicht mehr erkennen konnten und zweifelhaft war, ob es Freunde oder Feinde seien.

Gegen Abend marschierten wir durch ein hohes Kornfeld, das wir so sehr in den Schmutz traten, dass es hinter uns wie abgemäht aussah und gelangten auf den Pachthof La Haye-Sainte, der dicht an der Straße liegt. Zwei Kompanien wurden sogleich in den Obstgarten geschickt, wo es mir gar nicht behagte, weil ich kein trockenes Plätzchen finden konnte. Ich ging deshalb, um etwas Stroh zu suchen, in den Hof zurück, wo ich meinen Bruder fand, der mir aber nichts geben konnte, weil in den Scheunen nichts mehr zu finden war.

Indem kam der Major Baring aus dem Hause und befahl, das Vieh zu schlachten, das noch in den Ställen war. Das Fleisch wurde verteilt, auch an Leute der draußen liegenden Linien-Bataillone, die gekommen waren, um Stroh zu holen. Ich hatte inzwischen auf dem Hausboden Erbsen entdeckt und ein Tuch voll zu mir genommen; mit diesem und einem großen Stücke Fleisch eilte ich in den Garten zurück zu meinen Kameraden, die ich aufforderte, ein Feuer anzuzünden. Da es aber noch immer regnete und ein tiefer Dreck im Garten war, so hatte niemand Lust; der eine stand an einem Baume oder an eine Wand gelehnt, andere hatten sich auf die Tornister gesetzt und sahen vor sich hin; niederlegen mochte sich keiner.

Ich ging deshalb wieder in den Hof und hörte, dass im Keller noch Wein sei. Ich schlich mich hinein, fand noch ein halbvolles Fass und füllte meine Kantine. Mit dieser suchte ich meinen jüngsten Bruder auf, von dem ich wusste, dass er mit seiner Batterie in unserer Nähe stand. Es war derselbe, der von mir vor sieben Jahren bei Rohrsen mit Schlägen zurückgetrieben worden war; wir hatten uns seit dieser Zeit nicht wieder gesehen.

Vor dem Scheunentore fand ich Leute von unserem 1.Bataillon, die mir meine Kantine fast austranken. Dann ging ich in der Dunkelheit weiter und wurde bald von einer Patrouille angerufen. Ich erkannte in dem Korporal, der die Patrouille führte, meinen Landsmann Meyer, der bei dem Bremer Feld-

Bataillon diente und am anderen Tage schwer verwundet den Franzosen in die Hände fiel. Ich fragte ihn nach meinem Bruder, aber er konnte mir keine Auskunft geben. Ich gab deshalb meinen Wein zum Besten und marschierte mit der Patrouille wieder zum Pachthofe. Hier ging ich nochmals in den Keller und brachte meine und des Korporals Kantine angefüllt zurück. Die Patrouille trank die meinige leer und Meyer nahm die seinige mit. Nachher bin ich noch einige Male im Keller gewesen und habe meine Kameraden in dem Garten mit Wein versorgt.

Um Mitternacht musste ich auf der dem Feinde zugewandten Spitze des Gartens Posten stehen; dann setzte ich mich auf meinen Tornister und schlummerte ein.

In der Morgendämmerung weckte mich mein Hintermann, der Harz hieß und auch vom Harze gebürtig war und sagte: „Steh auf und gib mir etwas Wein! Es wird heute ein heißer Tag werden und ich bleibe; denn eben hat mir geträumt, ich hätte einen Schuss durch den Leib bekommen; das tat gar nicht weh und ich schlief ganz zufrieden ein."

„Träume gelten nicht", war meine Antwort; „komm, da wird ein Verhack[28] gemacht. Wir wollen helfen, dass wir warm werden; denn Wein ist nicht mehr da."

Wir schoben einen halben Wagen auf die Straße, wo der Obstgarten an die Gebäude stieß, andere brachten Leitern und Ackergerät, auch drei vernagelte französische Kanonen wurden dahin geschoben.

Erst gegen Mittag rollte der Kanonendonner der Franzosen zu uns herüber. Wir standen schussfertig hinter der Hecke und erwarteten den Feind. Nicht lange, so kam ein Schwarm feindlicher Plänkler. Tausend Büchsen knallten und ein jubelndes *„En avant."*[29] erscholl. Hinter ihnen waren zwei Kolonnen feindlicher Linientruppen, die so eilig marschierten, dass wir zueinander sagten: „Die Franzosen haben es so eilig, als wenn sie heute noch in Brüssel essen wollten."

Erst als der Feind dicht vor unserer Hecke war, gaben wir so mörderisches Feuer auf die gedrängten Haufen, dass die Erde sogleich mit einer Masse Verwundeter und Toter bedeckt war.

Einen Augenblick machten die Franzosen Halt; dann gaben sie Feuer, was uns sehr verderblich wurde. Mein Freund Harz stürzte mit einer Kugel durch den Leib an meiner Seite nieder. Auch Hauptmann Schaumann[30] vom 2.Ba-

---

[28] Verhack - (veraltet) Verhau oder Barrikade
[29] „En avant!" - (franz.) „Vorwärts!"
[30] Friedrich Wilhelm Melchior Schaumann. Er trat am 20.April 1805 in die Königlich-Deutsche Legion ein und stand zuletzt als Captain im 2.leichten Linien-Bataillon. Mit diesem machte er 1805 die Expedition nach Hannover, 1807/1808 den Feldzug im

taillon fiel; mein Bruder nahm ihn auf den Rücken und trug ihn ins Gehöft, wo er ihn, aber schon tot, niederlegte.

Wir wichen noch nicht aus unserer Stellung. Als aber die Kolonne rechts bis zum Scheunentore vorgerückt war und uns den Rückweg nach dem Eingange in die Scheune abzuschneiden drohte, zogen wir uns langsam und dabei schießend zurück. Indessen war auch mein Major Bösewiel[31] verwundet worden. Ich sah ihn auf der Erde liegen; er richtete sich noch einmal empor, fiel dann auf sein Gesicht und verschied.

Schon stand der Feind am Eingange der Scheune. Wir drängten ihn aber zurück und kamen, freilich mit großen Verlusten, hinein. Dann gaben wir ein so heftiges Feuer in der Scheune hinunter nach dem offenen Eingange, vor welchem die Franzosen dichtgedrängt standen, dass sie sich nicht hineinwagten.

Vielleicht eine halbe Stunde haben wir hier gestanden. Dann ging ich, als der Andrang der Franzosen dann schwächer wurde, vor eine Schießscharte neben dem verschlossenen Tore, das nach der Heerstraße führte. Hier standen die Franzosen so dicht, dass ich häufig von einer Kugel drei bis vier Feinde stürzen sah.

Kurze Zeit darauf macht mein Hauptmann Graeme[32] die Torflügel auf und wir stürmten mit gefällter Büchse gegen den dichtstehenden Feind. Dieser hielt nicht Stand; denn wir drangen mit unwiderstehlicher Wut vor. Ich stach und hieb blind in den Haufen hinein.

Wir verfolgten den Feind bis über den Verhack hinaus, als plötzlich englische Husaren an unserer Seite erschienen. Diese hieben so grimmig auf den

Baltikum, 1808/1809 die Kämpfe auf der Iberischen Halbinsel, 1809 die Expedition an die Scheldemündung, 1813/1814 den Feldzug in den Niederlanden und schließlich die Kämpfe des Jahres 1815 mit. Wie der Autor beschreibt, fiel S. am 18.Juni 1815 in der Schlacht bei Waterloo.

[31] Adolph Bösewiel. Am 05.Mai 1804 trat er in die Dienste der Königlich-Deutschen Legion und tat als Capitain, seit dem 04.Juni 1814 als Major, seinen Dienst im 2. leichten Linien-Bataillon. Mit diesem nahm er teil 1805 an der Expedition nach Hannover, 1807/1808 am Feldzug im Baltikum, 1808, 1809 und 1811 an den Kämpfen auf der Iberischen Halbinsel, 1809 an der Expedition nach der Scheldemündung, 1814 am Feldzug in den Niederlanden und an den Kämpfen 1815, wobei er am 18.Juni 1815 in der Schlacht bei Waterloo fiel.

[32] Georg Drummond Graeme. Er trat am 14.Mai 1812 in die Dienste der Königlich-Deutschen Legion und stand als Lieutenant im 2.leichten Linien-Bataillon. Hier machte er 1813 den Feldzug auf der Iberischen Halbinsel, 1813/1814 die Kämpfe in Südfrankreich, 1814 den Feldzug in den Niederlanden und die Schlachten und Gefechte des Jahres 1815 mit. In der Schlacht von Waterloo wurde er am 18.Juni 1815 leicht verwundet. Später stand er als Captain bei der hannoverschen Grenadier-Garde.

Feind ein, dass eine große Menge ohne Waffen zu uns zurückkehrte und um Gnade bat. Die Husaren, die inzwischen von der Verfolgung wiederkehrten, führten die Gefangenen mit sich fort.

Hinter dem Verhack erwarteten wir nun einen neuen Angriff, der auch kaum eine halbe Stunde ausblieb. Diese Plänkler hielten wir mit leichter Mühe zurück; als aber die neuen Kolonnen heranstürmten, zogen wir uns in den Torweg zurück, den ich auf Befehl des Hauptmanns Graeme verriegelte. Ich stellte mich mit einigen anderen vor die Schießscharten neben dem Torwege, durch die wir auf den Feind schossen, wo er am dichtesten stand. Schnell traten wir dann jedes Mal zum Laden zurück und machten den anderen Platz. Freilich steckten die Franzosen auch ihre Flinten in die Öffnung und mehrere meiner Kameraden stürzten neben mir. Auch auf dem Gerüste über uns, von wo aus die Unsrigen über die Mauer wegschossen, kam mancher herabgestürzt. Aber das vermehrte nur unsere Wut, so dass ich kaum erwarten konnte, bis ich wieder einen Schuss abfeuern konnte und mit solchem Eifer lud ich die Büchse, dass ich den Tag über mehrere hundert Patronen verschossen habe.

Immer neue Regimenter wurden herangeführt, aber stets zurückgeschlagen. Mir fiel dabei ein feindlicher Offizier auf, der beständig im Felde vor uns umherritt und den anrückenden Kolonnen den Weg zeigte. Schon lange hatte ich ihn auf dem Korn gehabt; endlich, als er gerade neue Truppen heranführte, kam er mir zum Schusse. Sein Pferd machte einen Satz, nahm sich in die Höhe und stürzte mit dem Reiter nieder.

Bald nachher machten wir einen Ausfall. Ich öffnete den Torweg; die nächsten Feinde wurden durchbohrt, die anderen gaben sich auf die Flucht. Wir eilten eine Strecke hinter ihnen her und machten Halt. Jetzt sah ich nicht weit von mir den Offizier, auf den ich geschossen hatte. Ich eilte auf ihn zu und griff nach seiner goldenen Uhrkette. Aber kaum hatte ich diese in der Hand, so hob er scheltend den Säbel auf. Da gab ich ihm einen Kolbenstoß vor die Stirn, dass er zurücksank und sich streckte, wobei ich einen goldenen Ring an seinem Finger bemerkte. Ich schnitt aber erst den kleinen Mantelsack von seinem Pferde und wollte dem Offizier dann den Ring abziehen, als meine Kameraden riefen: „Mach, dass Du wegkommst; die Kavallerie setzt an!"

Ich sah wohl dreißig Reiter heransprengen und lief eiligst mit meiner Beute zu meinen Kameraden, die den Feind durch eine Salve zum Rückzuge zwangen.

Wir hielten uns dann noch eine Zeit lang auf der Heerstraße und ich freute mich über den Haufen erschossener Feinde, die neben dem Verhacke schon mehrere Fuß hoch lagen. Auf der Mauer sah ich einen Grenadier mit einem Schuss durch den Leib liegen. Er wollte sich den Säbel in die Brust bohren, hatte aber nicht mehr die nötige Kraft dazu. Ich griff nach dem Gefäß des Degens, um ihn wegzuwerfen. Der Franzose ließ sogleich los, wohl fürchtend, dass ich ihm beim Wegziehen die Hände verwunden möchte.

Neben dem Verhacke lag in einem Tümpel Wasser ein Verwundeter mit einem Schusse durch das Bein. Vor Schmerz schrie er laut und versuchte sich aus dem Wasser zu wälzen. Ich fasste ihn bei den Armen, ein anderer ergriff seine Beine und so legten wir ihn an die Mauer, mit dem Kopfe auf einen erschossenen Kameraden.

Es liefen da in unserer Nähe wohl 20 bis 30 meist verwundete, englische Pferde umher, von denen ich eins anrief. Es blieb stehen und ließ sich von mir in den Hof führen, wo ich es zum Major Baring brachte, der mir aber befahl, es gleich wieder vom Hofe zu jagen. Dann zeigte ich ihm einen Beutel mit Goldstücken, den ich in dem kurz vorher erbeuteten Mantelsack gefunden hatte und bat ihn, mir denselben aufzubewahren. Allein er verweigerte die Annahme mit den Worten: „Wer kann wissen, was uns heute noch bevorsteht; Du musst selbst zusehen, wie Du das Geld am besten verwahrst."

Bald darauf wurde der Hof aufs Neue bestürmt und ich bekam von meinem Hauptmanne den Befehl, bei dem Torwege zu bleiben. Da aber dieses Mal der Kampf länger dauerte, indem immer neue Kolonnen anrückten, so fehlte es uns bald an Patronen, weshalb wir, sobald einer der Unsrigen stürzte, sogleich dessen Tasche plünderten. Major Baring, der immer auf dem Hofe umherritt, tröstete uns damit, dass bald frische Munition ankommen werde.

Da erhielt ich einen Schuss durch den Hinterkopf, wovon ich meinem Hauptmanne, der über mir auf dem Gerüste stand, Meldung machte. Dieser befahl mir, zurückzugehen.

„Nein", war meine Antwort, „so lange ich stehen kann, bleibe ich auf meinem Posten."

Indessen band ich mir das Halstuch ab, feuchtete es mit Rum an und bat einen Kameraden, Rum in die Wunde zu gießen und mir das Tuch um den Kopf zu binden. Meinen Tschako knüpfte ich an dem Tornister fest und lud aufs Neue meine Büchse.

Mein Hauptmann über mir, den ich immer sehen konnte, wenn ich lud, bog sich häufig kommandierend und scheltend über die Mauer und hieb auf die Franzosen ein. Ich warnte ihn, sich nicht so weit über die Mauer zu legen, weil er leicht geschossen werden könnte.

„Das tut nichts", war seine Antwort, „lass die Hunde schießen!"

Gleich darauf sah ich aber, wie seine Hand blutete und er sich ein Taschentuch um dieselbe band. Da rief ich: „Jetzt, Herr Hauptmann, können Sie zurückgehen!"

„Ei was", erwiderte er, „nicht zurückgehen; das tut nichts!"

Er nahm seinen Degen in die linke Hand und fuhr fort, auf die anströmenden Feinde einzuhauen.

Bald darauf hörte ich am Scheunentore ein Geschrei: „Hier wollen die Feinde durch!"

Ich ging dorthin und hatte kaum einige Schüsse in der Scheune hinunter getan, als ich unter den Balken einen dicken Rauch bemerkte. Sogleich eilten der Major Baring, Sergeant Reese aus Tüdern und Poppe mit Feldkesseln, die sie am Teiche gefüllt hatten, zum Löschen in die Scheune.

Weil jetzt die Schießscharten hinter uns schwach besetzt waren, so machten die Franzosen durch dieselben ein heftiges Feuer auf uns. Da stellte ich mich mit einigen meiner Kameraden vor die Schießscharten, worauf das Feuer der Feinde schwächer wurde. Als ich eben wieder abgefeuert hatte, fasste ein Franzose meine Büchse, um sie mir zu entreißen.

Ich sagte zu meinem Nachbarn: „Sieh mal, der Hund hat meine Büchse gefasst."

„Warte", sagte dieser, „ich habe einen Schuss!" und sogleich stürzte der Franzose.

In demselben Augenblicke fasste ein anderer nach meiner Büchse, aber mein rechter Nebenmann stach ihm ins Gesicht.

Jetzt wollte ich meine Büchse zum Laden zurückziehen; da flogen eine Menge Kugeln an mir vorbei. Sie rappelten an den Steinen der Mauern; eine nahm mir den wollenen Wulst auf der Schulter, eine andere zerschmetterte mir den Hahn an meiner Büchse. Um mir eine andere zu holen, eilte ich an den Teich, wo der Sergeant Reese im Sterben lag; er konnte nicht mehr sprechen. Als ich ihm aber seine Büchse nehmen wollte - ich wusste, dass sie sehr gut war -, machte er mir ein grimmiges Gesicht zu. Ich nahm mir eine andere, es lagen genug umher und stellte mich wieder an meine Schießscharte. Bald aber hatte ich meine Patronen verschossen und musste, ehe ich schießen konnte, die Taschen meiner gefallenen Kameraden plündern, die auch schon meist leer waren.

Da wurde unser Feuer schwächer, der Andrang der Franzosen heftiger. Noch einmal geriet unsere Scheune in Brand; das Feuer wurde wieder gelöscht. Ich durchsuchte darauf im Hofe die Patronentaschen der Gefallenen. Da kam Major Baring auf mich zugeritten und sagte: „Du musst zurückgehen!"

Ich erwiderte ihm aber, was ich schon dem Hauptmann Graeme geantwortet hatte: „Ein Hundsfott, der Sie verlässt, solange der Kopf noch oben ist!"

Bald darauf hörte ich aber ein allgemeines Rufen durch den Hof: „Wehrt Euch, wehrt Euch! Sie kommen allerwärts über; zieht Euch zusammen!"
Unsere Leute hatten das Gerüst verlassen. Ich sah mehrere Franzosen auf der Mauer. Einer von ihnen sprang auf das Gerüst herab; aber in demselben Augenblicke rannte ich ihm den Hirschfänger durch die Brust. Er stürzte zu mir ein und ich schleuderte ihn zur Seite; aber mein Hirschfänger war krumm gebogen, so dass ich ihn abstecken musste.
Am Eingange des Wohnhauses sah ich meinen Hauptmann im Handgemenge mit den Franzosen. Einer von diesen wollte auf den Fähnrich Frank[33] schießen, aber der Hauptmann Graeme stach ihm den Degen durch den Leib, einem anderen schlug er durch das Gesicht. Ich wollte eben zu Hilfe eilen, da sah ich mich aber auf einmal von Franzosen umgeben. Jetzt gebrauchte ich den Kolben meiner Büchse, schlug kreuz und quer um mich herum, dass ich bald nur noch den Lauf meines Gewehrs in den Händen hatte, und machte mir so wieder Luft.
Ich hörte hinter mir Flüche und Scheltwörter: „*Couyons Hanovriens*" und „*Anglais*" und sah, wie zwei Franzosen den Hauptmann Holtzermann in die Scheune brachten. Ich wollte ihn befreien, da fasste mich plötzlich ein Franzose von der Seite her vor die Brust. Ich packte ihn auch; da stach ein anderer mit dem Bajonette nach mir. Ich warf aber den Franzosen, den ich gepackt hatte, nach der Seite herum, so dass dieser den Stich bekam, mich los ließ und mit dem Rufe: „*Mon Dieu, mon Dieu!*" niederstürzte.

Jetzt eilte ich aber nach der Scheune, durch welche ich zu entkommen hoffte. Da ich den Eingang stark besetzt fand, so sprang ich über die niedrige Abscherung, wo einige Kameraden mit dem Hauptmann Holtzermann standen.
Bald kamen viele Franzosen auf uns ein und riefen: „*En avant, couyons!*"
Man trieb uns aus der Ecke, in der wir standen und zwangen uns, über die Abscherung zu springen, wobei einer von uns, dem wegen einer Wunde der Sprung schwer wurde, einen Stich durch die Lenden bekam. Das empörte uns. Wir fluchten auf die Franzosen und wollten ihnen zu Leibe; aber dem

---

[33] Georg Frank. Er trat am 05.Januar 1814 als Fähnrich in das 2.leichte Linien-Bataillon der Königlich-Deutschen Legion und machte mit diesem den Feldzug 1814 in den Niederlanden und die Kämpfe des Jahres 1815 mit. Während der Schlacht von Waterloo wurde er am 18.Juni 1815 schwer verwundet. Er lebte später als Captain auf Halbsold in Liebenburg, Hannover.

Hauptmann Holtzermann gelang es, unseren Zorn zu beschwichtigen, obgleich es in uns kochte über ein so schädliche Behandlung, wie sie nie ein gefangener Franzose von uns erfahren hatte.

Wir wurden jetzt aus der Scheune über den Hof durch den Torweg auf die Heerstraße gebracht, wo viele Franzosen sich um uns drängten, uns anfassten und ausplünderten. Einer entriss mir meinen Brotsack und fand darin den Beutel mit Goldstücken. Sogleich griff ein anderer danach; aber der Erste hielt ihn fest und es entspann sich ein heftiger Streit. Darauf wurde mir der Tornister von den Schultern gerissen; andere zerrten an meiner Montierung, fühlten nach den Uhren und fanden sie; denn ich hatte zwei silberne und eine goldene Uhr. Als man mir alles abgenommen hatte, wurde ich zornig und schlug einen Franzosen, der noch mehr bei mir zu finden hoffte, mit der Faust ins Gesicht.

Da fielen zwei Kanonenschüsse von unserer Seite her, schlugen eine Menge Franzosen nieder und nahmen auch einige der Unsrigen weg. Nur einen Augenblick stutzten die Feinde, dann rissen sie dem Hauptmann Holtzermann die Schärpe und Degenscheide ab. Wir griffen nach Steinen und wollten eine so schmähliche Behandlung an dem verhassten Feinde rächen; allein unser Hauptmann beschwichtigte uns und wandte sich an einen französischen Offizier, in welchem wir den Mann wieder erkannten, den wir auf dem Judenfriedhofe bei Bayonne gefangen hatten. Dieser suchte uns auch zu schützen und verbot seinen Leuten das Plündern, er wurde aber verhöhnt und ausgescholten.

Wir hofften noch immer, dass die englische Reiterei einen Angriff machen sollte; wir hätten dann gleich mit auf die Feinde losgeschlagen. Allein es erschienen französische Kürassiere, fast alle mit verbundenen Köpfen und führten uns auf der Straße weiter. Sie zwangen uns, so schnell zu laufen wie die Pferde und stachen denn einen Mann vom 1.Bataillon mit einem Stich durch die Lende tot, weil er nicht schnell genug laufen konnte.

19.Kapitel
Rettung und Heimkehr

Eine Stunde mochten wir wohl zwischen der französischen Infanterie, die rechts und links von uns in Linie stand, zurückgelegt haben, als das französische Heer in aufgelöster Ordnung, Artillerie, Kavallerie und Infanterie ganz durcheinander, hinter uns drein kam. Selbst in unserer traurigen Lage empfanden wir eine unbeschreibliche Freude. Ich flüsterte nun meinem Nachbar zu: „Wären wir nur hier unsrer hundert Mann in Waffen, wir könnten das ganze Volk gefangen nehmen."

Nach etwa drei Stunden, da es Abend geworden war, brachte man uns in eine ganz dunkle Scheune, wo wir noch andere Gefangene trafen. Kaum waren wir darin, als französische Infanterie, entlaufenes Volk ohne Zucht und Ordnung, das Tor sprengte und zu plündern begann. In dieser Verwirrung drängte ich mich mit einigen Kameraden hinaus. Es war mondhell und ich bemerkte, wie es ringsum von flüchtigen Franzosen wimmelte.

Schon lange hatte mich ein wütender Durst geplagt; deshalb eilte ich, unbekümmert um meine Sicherheit, zu einem Brunnen, den ich in der Nähe bemerkte. Hier fand ich einige französische Gardisten und bat den einen auf französisch um Wasser.

„Du bist aber kein Franzose," sagte dieser auf Deutsch, „was bist Du denn für ein Landsmann?"

„Ein Hannoveraner."

„Und von wo denn da?"

„Aus Hameln an der Weser."

„In der Stadt habe ich gelegen," fuhr jener fort, „als uns der General verkaufte."

„Warum bist Du denn jetzt bei den Franzosen?", fragte ich.

„Weil ich es in der Gefangenschaft nicht aushalten konnte", erwiderte er, „deshalb habe ich lieber französische Dienste genommen."

Dann gab er mir einen Topf voll Wasser und ein Stück Brot.

Jetzt eben kam der Korporal Fastermann herbei, der auch aus der Scheune entsprungen war und bekam ebenfalls zu trinken und ein Stück Brot. Der Gardist gab uns nun den Rat, dass wir uns rechts halten sollten, wo die Preußen wären; links befände sich das französische Heer auf dem Rückzuge.

„In einer Stunde", setzte er hinzu, „sind wir alle in den Händen der Engländer."

Ich dankte dem Mann, drückte ihm die Hand und eilte mit Korporal Fastermann rechts und so kamen wir unangefochten in ein junges Holz, wo wir uns in eine kleine Vertiefung niedersetzten, weil ich sehr ermüdet war.

Es mochte wohl Mitternacht sein und es war sehr kalt; meine Glieder zitterten und die Zähne klapperten mir im Munde. Rechts von uns war alles ruhig, aber links hörten wir die Franzosen unregelmäßig schießen und beständig „ *Vive l'Empereur!* "[34] rufen.

---

[34] „Vive l'Empereur!" - (franz.) „Es lebe der Kaiser!"

Die Kälte jagte uns nach einer halben Stunde wieder auf und vorsichtig setzten wir in dem Gehölze unsern Marsch fort. Bald waren wir am Ende desselben, gingen eine Strecke über Feldland, wo alles still war; nur aus der Ferne drang das Geräusch der auf dem Rückzuge befindlichen Franzosen in unser Ohr. Dann kamen wir an einen Hohlweg und gingen der größeren Sicherheit wegen hinein. Aber sogleich hörten wir vor uns ein Geräusch und jemand rief: *„Halt lá, qui vit?"*[35]

„Freund!", antwortete Fastermann.

Jener fällte das Bajonett. „Fastermann, wage Dich!", sagte ich; dieser sprang aber dem Franzosen entgegen, fasste ihn bei der Gurgel und drückte ihn gegen die Wand des Hohlweges. Ich suchte mich des Gewehrs zu bemächtigen, aber vergeblich. Da zog ich das Bajonett ab und versetzte dem Franzosen zwei Stiche in den Leib. Fastermann nahm jetzt das Gewehr und so waren wir beide einigermaßen bewaffnet.

Wir horchten jetzt, legten das Ohr auf die Erde, aber es war alles still; deshalb gingen wir im Hohlwege weiter. Bei dem Ausgange aus demselben fanden wir eine große Scheune, deren Türe etwas geöffnet war. Ich schlich vorsichtig hin, hörte französische Flüche und kehrte zugleich zu meinem Kameraden zurück. Was sollten wir nun beginnen? Der Morgen graute bereits, aber ein dicker Nebel umgab uns und wir hatten die Richtung verloren.

Wir beschlossen, uns in einem kleinen Stalle zu verbergen, der in der Nähe war und wo uns niemand, wie wir hofften, suchen würde. Aber kaum waren wir einige Minuten darin, als wir dicht über unseren Köpfen ein Rauschen und Klappern und ein helles Geschrei hörten. Wir sanken vor Schreck nieder; die Knie bebten mir. Aber in demselben Augenblicke lachten wir uns gegenseitig aus; denn ein Hahn hatte den neuen Morgen begrüßt und wir befanden uns in einem Hühnerstall.

Das Quartier behagte uns nicht und wir eilten weiter. Wir waren kaum auf freiem Felde, als ein Bauer an uns vorbeilief. Fastermann befahl ihm, stehen zu bleiben; aber der Bauer hörte nicht. Er drohte gar mit Schießen; da stand er still und erzählte uns, dass er Preußen holen wolle, die etwa eine Viertelstunde von hier auf einer Anhöhe hielten, denn die Franzosen plünderten in seinem Dorfe und wollten es anzünden.

Wir eilten mit dem Bauern fort und kamen bald an eine preußische Feldwache von zwei Ulanen. Wir wurden angerufen und sagten, woher wir kämen und wer wir wären. Indessen kam schon ein Offizier mit einer Schwadron heran, ließ sich von dem Bauern die Lage seines Dorfes bezeichnen und jagte davon; der Bauer eilte ihm nach.

---

[35] französischer Postenruf: „Halt, wer da?"

98

Wir wurden dann von einem der Ulanen in ein benachbartes Dorf gebracht, das ganz von Preußen angefüllt war. Auf der Straße, die durch das Dorf führte, suchten die Preußen in dem Schmutze nach Kostbarkeiten; denn an dieser Stelle war in der Nacht Napoleons Wagen geplündert worden. In dem Torwege des nächsten Hauses wurde uns dieser Wagen gezeigt; die Türen standen offen, er war mit Samt ausgeschlagen, ein Ruhebett war darin und hinten am Ende befand sich eine Küche. Man führte uns dann in ein Haus, gab uns Brot und Fleisch und zeigte uns einen Keller, aus dem wir Wein holen könnten. Als wir mit einem Eimer hineingegangen waren, fanden wir den Wein fußhoch im Keller, so dass wir, noch auf der Treppe stehend, schöpfen mussten.

Als wir jetzt endlich Ruhe gefunden hatten, merkten wir erst, dass wir bis zum Tode ermüdet waren; dazu verursachte mir meine Kopfwunde heftige Schmerzen. Ein Arzt wurde geholt, der mir das geronnene Blut von Kopf und Hals wusch und die Wunde mit Heftpflaster belegte.

Nach einigen Stunden wurden wir auf einem Wagen eine Strecke weiter gebracht, bis zu einem Wirtshause, wo unsere Truppen vorbeikommen würden. Hier legten wir uns in den Graben neben der Straße und warteten. Einzelne Holländer kamen vorbei, die uns aber keine Auskunft geben konnten. Endlich zeigte uns ein Offizier die Richtung, in der wir marschieren müssten, um unsere Leute zu finden.

Wir brachen wieder auf und sahen bald mit herzlicher Freude die Unsrigen; aber in welchem Anzuge? Es mochten im ganzen wohl noch hundert Mann sein. Ich ging auf den Major Baring zu und begrüßte ihn. Er erkundigte sich nach unserem Schicksale und fragte, wie viele von uns gerettet wären.

Eine halbe Stunde marschierte ich noch mit dem Bataillon, bis es sich lagerte. Dann kam der Adjutant Riefkugel und brachte mir den Befehl, dass ich zurück nach Brüssel sollte. Ich weigerte mich und behauptete, dass mir nichts fehle und sprach den Wunsch aus, nicht ins Lazarett gebracht zu werden. Wohl dreimal wandte ich mich mit meiner Bitte an den Major, aber immer vergeblich. Es war schon ein Wagen herbeigeschafft worden. Ich wollte ihn nicht besteigen; aber der Adjutant befahl und ich musste gehorchen.

„Wenn Du geheilt bist, so komm' wieder zu uns", mit diesem Abschiede fuhr ich auf der Straße nach Brüssel ab. Bisher hatte ich mich gehalten und meine Schmerzen unterdrückt; aber jetzt war ich einsam und traurig, die Hitze des Tages war unleidlich, ich konnte nicht schlafen und wünschte mir den Tod.

Auf einmal rief es: „Halt!", ein belgischer Major mit Namen Twent, der in Spanien bei unserem Bataillon gedient hatte und jetzt an der Spitze seines Bataillons ritt, kam auf mich zu und fragte: „Bist Du nicht Lindau?"

Ich musste ihm erzählen, wie es mir bisher ergangen sei; dann ließ er mir Wein aus seiner Kantine geben, zog ein Weißbrot und ein Fünffrankenstück aus seiner Tasche, reichte mir die Hand und sagte; ich möchte seiner nicht vergessen. Ich habe mich nie ohne Rührung an diese freundliche Behandlung erinnern können, die mir in meiner einsamen, schmerzensreichen Lage so wohl tat.

Als ich in Brüssel angekommen war, wurde ich in ein Bürgerhaus einquartiert, weil die Spitäler voll lagen. Ich wurde von meinen Wirtsleuten sehr freundlich behandelt, hatte aber besonders im Anfange viele Schmerzen und immer Langeweile. Nur die letzten acht Tage hatte ich die Freude, mit meinem Hauptmann Graeme in einem Hause zu wohnen.

Nach etwa vier Wochen erlangte ich vom Arzte die Erlaubnis, zu meinem Bataillone zu gehen und marschierte mit einer Abteilung von dreihundert Mann nach Paris ab. Hier traf ich zuerst meinen Bruder, der mit in meiner Kompanie stand. Er machte große Augen, als er meiner ansichtig wurde.

„Woher kommst Du, Friedrich?", redete er mich an, „ich dachte, Du wärst tot. Ich habe Dich auf dem Schlachtfelde gesucht, gefunden und begraben."

„Ei was", sagte ich, „wer weiß, wen Du begraben hast!"

Einige Tage nachher traf ich auch meinen anderen Bruder, den Kanonier, der mich gleichfalls für tot gehalten hatte.

Da ich jetzt wegen meiner Wunde noch keinen Dienst tun konnte, so wurde ich bei dem Magazine angestellt. Ich musste Brot, Korn, Holz und Stroh holen lassen und hatte dabei ein besseres Leben als meine Kameraden in dem Lager. Der Dienst gefiel mir wohl, nur meine Kopfwunde wirkte sehr nachteilig. Ich konnte nicht ordentlich sehen; alle Gegenstände schienen mir größer, als sie wirklich waren und zuweilen wusste ich nicht recht, was ich tat.

In einem solchen Zustande forderte ich meinen Abschied. Der Major Baring verweigerte mir denselben, weil das mein Nachteil sein würde. Ich hatte aber einmal meinen Kopf darauf gesetzt und hörte nicht auf vernünftigen und wohlgemeinten Rat. Mehrere Male schlug mir der Major mein Begehren ab; endlich, als ich in meiner Forderung nicht nachließ, bekam ich meinen Abschied und marschierte mit der Batterie, bei der mein jüngster Bruder stand, in die Heimat.

Nachwort

Wie im Text beschrieben, wurde Friedrich Lindau am 19.Januar 1787 in Hameln geboren, wo sein Vater ein Tuchweber war. Schon früh durch des Vaters Strenge an den Gehorsam gewöhnt und aus manchen Gefahren gerettet, wuchs er heran und kam nach seiner Konfirmation bei einem Schuhmacher in die Lehre, lief aber, als er die harte Behandlung nicht mehr ertragen konnte, davon und erhielt einen anderen Meister, welcher ihn auch mehr zu anderen Geschäften gebrauchte, als zum eigentlich bestimmten Geschäfte.

Aus dem Grunde verstand er noch nicht viel, als er Geselle wurde und erst späterhin, als er aus dem Felde zurückkehrte, musste er noch tüchtig lernen, um das Versäumte in seiner Profession nachzuholen.

Friedrich Lindau hatte noch so manche Klippe in seinem Leben zu umschiffen, so verstarb seine erste Frau im Jahre 1827, er heiratete erneut und hatte insgesamt neun überlebende Kinder, von denen 1846 noch vier zur Schule gingen.

Aufgrund der großen Konkurrenz in allen Gewerbezweigen hatte auch sein Handwerk sehr zu leiden gehabt und oftmals hat die zahlreiche Familie nur die Pension des Vaters aus dem Dienste bei der englisch-deutschen Legion von 50 Talern und die Dotierung der Guelphen-Medaille von 27 Talern und 10 Gutengroschen am Leben erhalten.

So ging nach seiner Entlassung aus dem englischen Militärdienst für Friedrich Lindau der Kampf noch weiter!

.*.

Anlagen zum Text

Bild 1.
Offizier des 2.leichten Bataillons

Bild 2.
Soldat des 2.leichten Bataillons

Die Uniformierung des 2.leichten Bataillons

Für die Uniformierung des 2.leichten Bataillons gilt folgendes: Die Kopfbedeckung der Offiziere bestand aus einer Flügelmütze. Der zur Parade abgewickelte Flügel hatte ein weißes Futter, ebenso war der Teil der Mütze, der sonst vom Flügel bedeckt war, weiß. Der kleine viereckige Augenschirm scheint immer nur hochgerichtet getragen worden zu sein.

Die Uniform selbst bestand aus einem Dolman mit schwarzseidenem Schnur- und Bandbesatz. Die berittenen Offiziere trugen zudem Säbeltaschen.

Die Beinkleider waren für Offiziere und Mannschaften dunkler als beim 1.leichten Bataillon. Der Rock, den die Mannschaften trug, war eigentlich nur eine Jacke ohne Schösse, aber hinten am Rücken etwas verlängert und rund geschnitten mit drei Knopfreihen auf der Brust. Die Fangschnüre, etwas anders als beim 1.Bataillon geformt, wurden stets getragen.

Da die Uniform der Offiziere ganz nach Husarenart war, maßte sich die Truppe das Vorrecht der Husaren an Schnurrbärte zu tragen, was sonst im englischen Heere verboten war. So kam es, dass das Bataillon, je nachdem eine strengere oder mildere Ansicht der Vorgesetzten verbot oder zuließ, die Truppe zeitweise Schnurrbärte trug und zeitweise ohne diese erschien.

Die Hauptmasse der Mannschaften war mit dem Infanteriegewehr ausgerüstet und trug gekreuztes schwarzes Lederzeug und an der Stelle des Seitengewehre das Bajonett. Anfänglich war einschließlich der Unteroffiziere 1/6, seit 1808 aber ½ mit Büchsen ausgerüstet, dazu mit einem Hirschfängern zum Aufpflanzen am Leibkoppel.

Inhaltsverzeichnis

Verlagswerbung

Im Fachverlag AMon - Alexander Monschau -
sind bislang folgende Bücher erschienen, bzw.
sind in der Vorbereitung:

AMon00001: Des Nürnberger Feldwebels Joseph Schrafel merkwürdige
Schicksale im Kriege gegen Tirol 1809, im Feldzuge gegen Russland 1812
und in der Gefangenschaft 1812 - 1814. Von ihm selbst geschrieben.
Softcover, 19 Zeichnungen, 3 Farbtafeln, 100 Seiten   11,95 €

AMon00002: Förster Flecks Erzählung von seinen Schicksalen auf dem Zu-
ge Napoleons nach Russland und von seiner Gefangenschaft 1812 - 1814.
Softcover, 2 Uniformseiten, 84 Seiten   12,95 €

AMon00003: Ein Waterlookämpfer. Erinnerungen eines Soldaten aus den
Feldzügen der königlich deutschen Legion von Friedrich Lindau, ehemaliger
Schütze des 2.leichten Bataillons, Inhaber der Guelphen-, der Waterloo- und
der bronzenen Verdienstmedaille.
Softcover, 2 Uniformseiten, 112 Seiten   12,95 €

AMon00004: Als freiwilliger Jäger bei den Totenkopfhusaren. Siebzehn Jahre Leutnant im Husaren-Regiment Blücher. Erzählungen aus Kolberger Ruh-
mestagen, aus dem deutschen Befreiungskrieg, aus einer kleinen pommer-
schen Garnison und von der Grenzwacht gegen den polnischen Aufstand
1831.
Softcover, 2 Zeichnungen, 182 Seiten   14,99 €

AMon00005:   In Vorbereitung

AMon00006: Seltsame Schicksale eines alten preußischen Soldaten. Die
höchst merkwürdige Lebensgeschichte des noch als Postmeister zu Uecker-
münde im Königlich Preußischen Postdienst stehenden ehemaligen Premier-
Lieutenants, zuletzt im 13.Infanterie-Regiment Friedrich Wilhelm Beeger.
Softcover, 1 Karte, 2 Uniformtafeln, 114 Seiten   14,95 €

AMon00007: Erlebnisse in dem Kriege gegen Russland im Jahre 1812 vom
Landbereuter Franz Krollmann, damals Musiker beim 3.westfälischen Chas-
seur-Bataillon.   In Vorbereitung

AMon00008: Erzählung der Schicksale und Kriegsabenteuer des ehemaligen westfälischen Artillerie-Wachtmeisters Jakob Meyer aus Dransfeld während der Feldzüge in Spanien und Russland von ihm selbst geschrieben.
Softcover, 76 Seiten   11,95 €

AMon00009: Aus schwerer Zeit. Erinnerungen an die Drangsale und Leiden der Stadt und Festung Altdamm aus der Zeit der Franzosenherrschaft in den Jahre 1806 - 1813.
Softcover, 1 Karte, 64 Seiten   10,95 €

AMon00010: Der Galeerensklave des Kaiser. Leben und Schicksal des ehemaligen Musikmeisters im königlich preußischen 24.Infanterie-Regiment August Böck, vormaliger Trompeter im Schillschen Korps. Von ihm selbst geschrieben.
Softcover, 72 Seiten   10,95 €

AMon00011: „Ich schwöre es!" Unter der Fahne des ersten Napoleon. Jugendgeschichte des Hunsrücker Dorfschullehrers Johann Jakob Röhrig, von ihm selbst erzählt.
Softcover, 136 Seiten   14,95 €

Außerdem in Vorbereitung: weitere interessante und eindrucksvolle Memoiren und Lebensbeschreibungen, Regiments- und Bataillonsgeschichten von ausgesuchten Einheiten der napoleonischen Kriege und der Einigungskriege 1864 bis 1871.

Gerne nehmen wir von Ihnen Anregungen und auch Vorschläge entgegen, um Ihnen auch zukünftig interessante Literatur bieten zu können.

Bestellungen werden ferner gerne unter der Anschrift: Fachverlag AMon - Alexander Monschau - Broicher Weg 16, 51766 Engelskirchen oder der EMail-Adresse: FachverlagAMon@aol.com entgegen genommen.